Somos todos CARLITO

Rafael Casé

Somos todos CARLITO

Histórias, crendices e superstições de um homem que amava o Botafogo

GRYPHUS

Rio de Janeiro

Revisão
Maria Helena da Silva

Capa e editoração eletrônica
Rejane Megale

Adequado ao novo acordo ortográfico da língua portuguesa

CIP-BRASIL. CATALOGAÇÃO-NA-FONTE
SINDICATO NACIONAL DOS EDITORES DE LIVROS, RJ

C332s

Casé, Rafael
Somos todos Carlito : histórias, crendices e superstições de um homem que amava o Botafogo / Rafael Casé. - 1. ed. - Rio de Janeiro : Gryphus Editora, 2018.
242 p. : il. ; 23 cm.

Inclui bibliografia
ISBN 978-85-8311-121-4

1. Jogadores de futebol - Brasil - Biografia. 2. Treinadores de futebol - Brasil - Biografia. I. Título.

18-51116

CDD: 927.96334
CDU: 929:796.071.42/332

GRYPHUS EDITORA
Rua Major Rubens Vaz 456 — Gávea — 22470-070
Rio de Janeiro — RJ — Tel.: (0XX21) 2533-2508 / 2533-0952
www.gryphus.com.br — e-mail: gryphus@gryphus.com.br

Não foi possível identificar a autoria de todas as fotos usadas neste livro. Os créditos serão devidamente acrescentados, em próxima edição, caso tenhamos conhecimento dos respectivos autores.

Dedico este livro à torcida do Botafogo,
herdeira legítima de Carlito Rocha,
a Clara, minha torcedora mais amada e
ao mestre Alberto Dines, um jornalista que
sempre viveu em busca de grandes histórias.

Agradecimentos (em ordem alfabética)
Bernardo Braga, Botafogo de Futebol e Regatas,
Carlos Eduardo Pereira, Carlos Porto, Eugênia Moreyra,
FIFA Museum, Flaminio Lobo, Jacques Eskinazi, Mônica Maia,
PC Guimarães, Ruth e Sonia Saldanha e Torcida SampaFogo.

Sumário

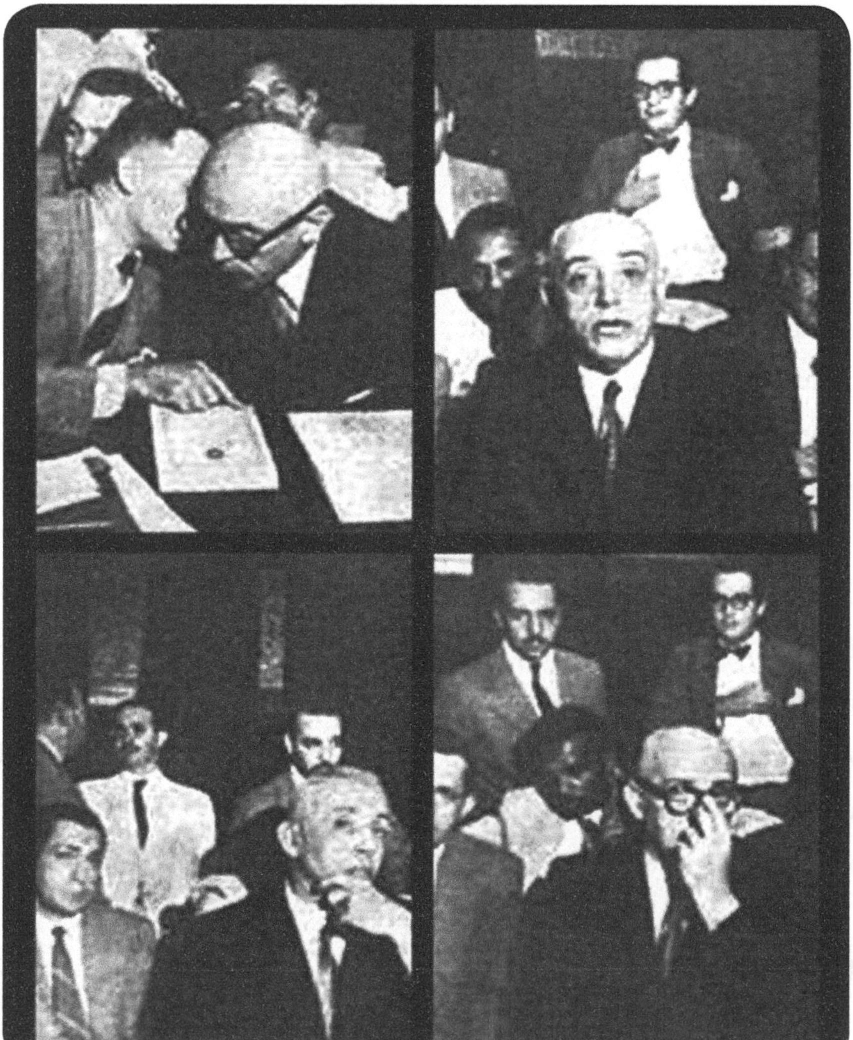

Prefácio

Quando recebi o convite para escrever este prefácio, me questionei se seria a pessoa mais indicada, afinal nunca tinha convivido com Carlito Rocha. Sempre o admirara e, como todo botafoguense, me deliciava com suas histórias, mas infelizmente no tempo em que o velho dirigente ainda brandia sua bengala em defesa do nosso Glorioso, eu ainda não frequentava o clube.

Sempre fui louco pelo Botafogo, desde menino, e muito supersticioso. Todo fim de semana ia ao estádio, mas até o começo dos anos 1990, não tinha qualquer ligação com a política do clube. Isso só aconteceu depois que fui procurado por um grupo de sócios tradicionais que queriam minha ajuda para concretizar um sonho antigo, a volta para General Severiano. Achavam que eu, como presidente do IBOPE, poderia capitanear os contatos com as autoridades e a diretoria da Vale do Rio Doce.

Aquilo me pegou meio de surpresa, mas decidi entrar no barco. No fundo eu achava que o Botafogo precisava daquela sede para ser vitorioso novamente. Foram dois anos trabalhando nisso, em todas as esferas de governo. Eu quase já nem aparecia no IBOPE, de tanto tempo e dedicação que a empreitada demandava. No final, conseguimos. Foi uma grande vitória.

Acabei me tornando presidente do clube e estive à frente de todo o processo de recuperação do Casarão, que estava completamente arrasado. Para vocês terem uma ideia, o subsolo parecia um lago, até peixes nós tiramos de lá. Na permuta com a Vale, pelo terreno do Mourisco, ficou acertado que a Companhia reformaria o palacete. E eles fizeram um lindo trabalho. Se baseando em documentos e fotos resgataram a cor original e recuperaram todos os detalhes. Até as sancas do Salão Nobre eram iguais às da inauguração. A capelinha de Carlito Rocha também não poderia ficar de fora.

No final de 95, a reforma do clube ficou pronta e houve uma grande festa. E foi pensando nesse dia que decidi aceitar escrever o prefácio da biografia de Carlito Rocha. Acabei tendo a honra, como presidente do Botafogo de Futebol e Regatas, de realizar o maior sonho de Carlito e de outros milhões de alvinegros: fazer a estrela solitária brilhar de novo no lugar de onde nunca deveria ter saído.

O Glorioso voltou pra casa e tenho certeza que, onde quer que estivesse, naquele dia, o velho Carlito ficou muito feliz.

Carlos Augusto Montenegro

Uma história real... Ou quase

Quantas vezes você já ouviu a expressão "paixão pelo futebol"? Muitas, certamente. Mas será que paixão é, mesmo, a palavra que melhor define a relação entre um torcedor e seu time?

Quantas vezes, em sua vida amorosa, você já se apaixonou? Muitas, com certeza. Algumas paixões foram platônicas, outras passageiras e poucas, realmente, duradouras. Mas, todas elas, paixões.

Talvez essa não seja a melhor maneira de começar a biografia de um dos maiores símbolos do futebol carioca e do esporte brasileiro. Mas acompanhem meu raciocínio, pois já chegaremos lá.

Creio que o sentimento de um torcedor que realmente gosta de futebol transcende a paixão. No meu entender, quando o assunto é o time de coração, a palavra correta seria amor. Um amor que, inexplicavelmente, nos toma de assalto ao primeiro grito de gol. Um amor condescendente como poucos, resistente (posto que suporta todo tipo de dificuldade ou provação), fiel (já que não cogita tentações) e, mais do que tudo, eterno.

Este livro não é sobre um personagem apaixonado pelo esporte, mas sim sobre um homem que se entregou de corpo e alma a ele. E que ao se deparar com o Botafogo decidiu dedicar, ao clube, sua vida. Uma vida que por muito pouco não foi abreviada por esse mesmo amor, mas que durou muito para que na fase mais difícil da história do alvinegro ele pudesse estar de pé, pronto para a batalha, pronto para mostrar como o Botafogo era grande.

Carlos Martins da Rocha foi jogador de polo aquático, remador, jogador de futebol, árbitro, treinador, preparador físico, diretor, conselheiro, presidente de clube e, quando convocado, esteve à frente da Seleção Brasileira. Graças a ele podemos nos orgulhar de, até hoje, termos participado de todos os Mundiais.

Era uma figura mítica. Poucos foram tão citados por jornais e revistas, esportivos ou não, durante tantos anos. Todos sempre queriam saber o que Carlito Rocha pensava, o que diria sobre essa ou aquela situação, envolvendo o Botafogo ou não. O fato de ter se tornado uma figura folclórica, por certo explica esse cerco. Mas seu comportamento passava longe de qualquer tipo de encenação; aquele era seu jeito de ser.

Todo mundo que ama o futebol (botafoguenses ou não) já escutou pelo menos alguma das famosas manias ou superstições de Carlito Rocha. O que há de "verdade verdadeira" sobre cada uma delas não dá para saber ao certo. Afinal, histórias, mesmo quando saem na imprensa ou são contadas em livros, como este, ganham, a cada conto, um ponto. Assim sendo, só ele mesmo poderia dizer o que era a mais pura verdade ou o que se tratava, digamos assim, de uma realidade um tanto quanto aprimorada. Mesmo assim não seria possível ter 100% de certeza, pois o próprio Carlito adorava esses "causos" e tratava, inclusive, de reproduzi-los.

Como fantasia e realidade sempre se entrecruzaram na vida deste homem tão importante para o esporte brasileiro, acredito que o termo biografia romanceada seja o mais indicado para definir este livro. Nele tomo a liberdade não apenas de aceitar versões já descritas, mas de também imaginar de que forma outros fatos poderiam ter acontecido.

Ficará, então, o leitor na dúvida sobre o que é lenda, sobre o que é fato? Em alguns momentos, talvez sim. Mas será que é realmente necessário fazer essa distinção?

Por toda sua trajetória, Carlos Martins da Rocha, virou um exemplo. Exemplo de correção, dignidade e luta pelo bem do esporte brasileiro. E, com suas superstições e dedicação, se tornou símbolo do clube da Estrela Solitária, que ajudou a criar com a fusão dos dois Botafogos, o de Futebol e o de *Regatas. E é isso o que importa.*

Para se ter uma noção da importância do velho Rocha para o Botafogo, basta reproduzir um trecho de uma reportagem da *Revista da Semana*, na década de 1950. Foram ouvidos vários famosos para que dissessem as razões que os levaram a torcer pelo alvinegro. No final do texto, uma explicação ao leitor sobre o porquê da opinião de Carlito não ter sido ouvida: "Seria um despropósito e uma falta de consideração perguntar a Carlito Rocha por que ele é botafoguense. Seria o mesmo que querer saber por que o sol é sol. Carlito Rocha, sabem-no todos (exceto os cegos das Escrituras) é o próprio Botafogo".

Nas páginas seguintes, através de crônicas que não seguem necessariamente uma ordem cronológica, está contada a vida dessa figura excepcional que jamais poderia ser esquecida. Um livro que, com certeza, vai interessar não apenas torcedores do Botafogo. Afinal, o amor de Carlito Rocha pelo pavilhão alvinegro é o amor que está presente no peito de todos aqueles que a cada jogo, a cada 90 minutos de bola rolando, vestem o coração com as cores da camisa e se entregam ao amor pelo seu time.

Um amor incondicional, como o de Carlito Rocha.

Que você se divirta na leitura, como me diverti ao escrever esta merecida homenagem.

Carlito Rocha no inconfundível traço do grande caricaturista Mendez.

O casarão

O pequeno portão entreaberto chamou a atenção de Bastos. Jurava que o havia fechado quando tinha chegado para seu turno, algumas horas antes. Olhou o relógio de pulso, viu que ainda tinha muito tempo antes do fim do expediente daquela terça-feira, 8 de dezembro de 1981, e, mais por força da obrigação do que por qualquer tipo de desconfiança, decidiu fazer uma pequena ronda pela propriedade.

Não havia muito o que verificar. Já havia passado pelo salão nobre quando foi pegar um copo d'água na cozinha improvisada. Cozinha, na verdade, era uma força de expressão. Não passava de um cômodo de dois metros de comprimento por um de largura que ficava embaixo de uma das duas grandes escadarias. No local, uma pequena pia, um filtro de barro e uma prateleira onde apoiava o marmitex no qual esquentava o almoço todos os dias.

O grande salão já estava, de novo, todo empoeirado. A última faxina tinha acontecido em março, quase nove meses antes. Apesar do abandono, depois de limpo, o local mostrava que ainda mantinha preservados alguns sinais de seu apogeu. O mármore branco tinha ficado livre da grossa camada de sujeira. Os tacos do piso e os azulejos portugueses da fachada também estavam mais uma vez visíveis. Até o jardim tinha ficado livre do matagal que agora voltava a crescer.

Circundou o antigo palacete e nada de anormal. Dirigiu-se, então, para um ponto onde os destroços da estrutura de cimento das antigas arquibancadas permitiam uma visão mais ampla do capinzal que se estendia até o muro da Rua General Severiano. Já havia passado cinco anos, desde que fora contratado como vigia pela Companhia Vale do Rio Doce, mas toda vez que se deparava com aquele quadro ainda se perguntava como a situação podia ter chegado àquele ponto.

O abandono da antiga sede era total. Uma triste lembrança do passado. (Acervo: BFR)

Aos 22 anos de idade, Bastos chegou ao Botafogo pela primeira vez. Vinha atrás de uma vaga de emprego anunciada nos classificados do *Jornal do Brasil*. Precisavam de um assistente de serviços gerais. Catorze anos depois, não acreditava como tanta coisa havia mudado, como aquele lindo casarão tinha se transformado em ruína em tão pouco tempo.

Ainda perdido em memórias, ouviu, de repente, um barulho, como se alguém estivesse se esgueirando pelo mato.

Gritou: "Quem está aí?". Mas não obteve qualquer resposta.

Ouviu outro ruído e se virou rápido, bem a tempo de ver dois bem-te-vis darem um rasante em direção ao morro do Pasmado. Sorriu do susto que levara. Mas, ao dar meia volta, estancou. Por cima do capim alto teve a clara impressão de avistar a copa de um chapéu em movimento. Semicerrou as pálpebras para tentar ver melhor. Estava contra a luz do sol que começava a cair por trás do Corcovado. Mas o chapéu havia desaparecido.

Preocupado, seguiu em direção ao local. Não era um homem baixo, mas tinha tanto tempo que o capim não era cortado que ficava difícil saber direito qual direção tomar. As folhas espetavam seu rosto e para piorar a situação ainda havia moitas de urtiga pelo caminho.

Vasculhou todo o terreno, de uma grande área à outra. Quarenta minutos depois, porém, desistiu da tarefa. Começava a escurecer.

Esbaforido e todo se coçando, o vigia voltou a seu posto de vigilância. Tentava se convencer de que seus olhos lhe haviam pregado uma peça. Quem iria se meter naquele "brejo"? Poderia até ser uma criança atrás de uma pipa caída, mas o que vira, ou melhor, o que achara que vira era um chapéu, daqueles que nem se usa mais. Pensando bem, a única pessoa de quem se lembrava de ver usando chapéu nos últimos anos era o velho Carlito Rocha.

Bastos se lembrava muito bem de Carlito, tinha convivido bastante com o ex-dirigente botafoguense. Um sujeito muito religioso, devoto de Nossa Senhora, mas sempre propenso a reações extremas.

Lembrava-se dele beijando carinhosamente cada um dos "meninos", como chamava as crias do treinador Neca, após terem conquistado o bicampeonato carioca em 1968. Um dos mais queridos era o atacante Roberto, os dois eram sempre vistos conversando. Perguntava se o rapaz estava fazendo os exercícios respiratórios que indicara, se o peso estava controlado, se a musculatura estava em forma. Acreditava muito no potencial do centroavante. Certa vez, ao próprio Bastos, Carlito explicou a razão: "Eles ficam de olho no Jairzinho e acabam esquecendo o Roberto que, a meu ver, é muito mais perigoso".

Durante todo o processo da polêmica sobre a venda da sede à Companhia Vale do Rio Doce, em meados dos anos 1970, o comportamento era o oposto. Vivia transtornado. Virava e mexia, fazia pequenos comícios na frente do casarão. Bastos observava de longe, mas os brados eram altos o suficiente para que pudesse acompanhar cada palavra. Provavelmente até quem passava de ônibus pela Avenida Venceslau Brás conseguia ouvir os protestos daquele senhor que, apesar de beirar os

80 anos, demonstrava o impressionante vigor dos indignados. As frases eram impactantes: "Vocês não veem que estão matando uma instituição que luta pela educação física, moral e cívica do povo desde 1904?". "O Botafogo está fechando. É um moribundo. E a lembrança disso é que é a minha desgraça". "Vendam General Severiano, mas deixem, pelo menos, um pedaço de terra onde possa tremular a nossa gloriosa bandeira, com uma pequena placa onde possa ser lida a frase: aqui existiu o Botafogo de Futebol e Regatas".

Certa vez, após uma reunião em que foi mais uma vez acusado de tentar impedir a modernização do clube, deixou a sede com lágrimas nos olhos: "Estou chorando, não é pelo nosso estádio. O cimento é o de menos. O problema é que estão vendendo a alma de nosso clube".

Mesmo com mais de 80 anos Carlito ainda brigava pelo Botafogo.

Carlito era a voz do Botafogo que queria permanecer ali. E, apesar de declarações tão fatalistas, lutava com todas as forças para que a transação comercial fosse revertida. Chegou a ir a Brasília para tentar uma audiência com o presidente da República. Não conseguiu falar com Ernesto Geisel, mas voltou com um requerimento protocolado no Serviço de Patrimônio da União. "Ninguém pode me acusar de não estar defendendo os direitos do clube, porque para mim só existem duas coisas que realmente importam, o Brasil e o Botafogo. Ou melhor, o Botafogo e o Brasil", desabafava.

Costumava dizer que se com os botafoguenses unidos a situação já era grave, com a desunião, a mesma se tornava desesperadora. Sua luta era quase tão solitária quanto a estrela da bandeira que ainda tremulava na antiga sede.

Propostas para o fim do estádio vinham sendo analisadas pelos Conselheiros do clube há um bom tempo. Em 1965, Carlito fora o único voto contrário a uma ideia do então presidente Nei Cidade Palmeiro de usar a área do campo para a ampliação da parte social do clube, no entanto, o projeto acabou não vingando. Segundo o jornalista João Saldanha, o assédio do mercado imobiliário que já era grande, depois da duplicação do Túnel Novo e da abertura do Túnel do Pasmado, ficou ainda maior. É que as obras facilitavam o acesso ao recém-inaugurado Aterro do Flamengo, uma via expressa entre a orla da Zona Sul e o Centro.

A ideia de vender a sede como uma solução para sanar a crise financeira enfrentada pelo clube começou a tomar corpo em 1974, ainda na gestão do presidente Rivadávia Corrêa Meyer. Foi ele quem referendou um edital aprovado pelo Conselho Deliberativo que autorizava o recebimento de propostas de compra para o terreno de 18 mil metros quadrados de General Severiano. A Companhia Vale do Rio Doce demonstrou interesse, mas o clube voltou atrás e acabou optando, inicialmente, por uma hipoteca. O buraco financeiro em que o Botafogo se enfiara, porém, parecia não ter fundo. Em um determinado momento, as parcelas e os juros altos chegaram a levar quase 90% da renda das partidas, deixando o clube bem perto da bancarrota.

Já durante a presidência de Charles Borer, um ex-diretor do clube que há muito tentava chegar ao poder, os contatos com a Vale foram retomados e a venda foi fechada por 90 milhões de cruzeiros (um pouco menos de 10 milhões de dólares). Uma pechincha, de acordo com a oposição, que afirmava que o terreno valia quase o dobro. Borer se defendia dizendo que aquela era a única saída para impedir o fim do Botafogo de Futebol e Regatas (o clube devia, segundo a direção, cerca de 50 milhões de cruzeiros). Além disso, o presidente prometia um novo estádio. Várias hipóteses foram surgindo: os bairros do Sampaio e de Jacarepaguá, o estádio Caio Martins, em Niterói e até o município de São Gonçalo, mas o alvinegro foi parar, mesmo, em Marechal Hermes. A diretoria acertou uma fusão com o Esporte Clube União, time do bairro, que possuía um terreno maior do que o vendido. Além do ganho de patrimônio, Borer ainda acenava com três mil novos associados, todos vizinhos do futuro estádio.

O velho Carlito, que já tinha aberto mão do título de Grande Benemérito com a chegada de Charles Borer ao poder, esbravejou ao saber o novo endereço do seu Botafogo: "Não tenho nada contra Marechal Hermes, mas como posso conceber o Botafogo fora de Botafogo? Dizer que o Botafogo pertence a Marechal Hermes é um absurdo tão grande quanto afirmar que o Brasil se mudou para a Argentina".

O jornalista alvinegro Sandro Moreyra que sempre fora admirador de Carlito, criticou a incompreensão do veterano dirigente: "O Carlito ainda não entendeu que as coisas mudaram. Antigamente um clube devia ao Governo ou a uma companhia oficial e bastava um apelo, uma campanha da imprensa, para que a dívida fosse perdoada ou esquecida. Agora é diferente". Logo depois, em um artigo no *Jornal do Brasil*, intitulado "De General a Marechal, uma promoção que salvou o clube", escreveu: "Marechal Hermes recebeu o Botafogo de braços abertos e aderiu por inteiro ao clube que agora também é seu".

Moradores do bairro suburbano chegaram a protestar contra as declarações do velho Carlito, mas o que para muitos poderia parecer intolerância se tratava, na verdade, de uma enorme sensação de perda.

Os amigos Sandro e Carlito em lados opostos sobre a venda da sede.
(Acervo: Família Moreyra)

Carlito e os irmãos, Lulu e Pedro, desde sempre, estiveram ligados ao Botafogo. Ele chegou a jogar no primeiro campo, inaugurado em 1913, quando as traves ainda ficavam dispostas no sentido original, uma na direção do Pasmado e a outra, perto de onde, hoje, está o casarão. Aliás, ele mesmo ajudou a plantar e a cuidar daquele gramado. Esteve no baile de inauguração do palacete, onde dançou com Dona Ivone, sua esposa, ao som dos foxtrotes da orquestra de Harry Fleming e os tangos do grupo do Maestro Andreoni. Vibrou com a vitória de 3x2 sobre o poderoso Fluminense de Tim e Hércules no amistoso inaugural do novo estádio em agosto de 1938. E ali mesmo, como presidente, conquistou um histórico Campeonato Carioca, dez anos depois. Foi Carlito Rocha um dos principais articuladores da fusão entre o Botafogo Football Club e o Club de Regatas Botafogo, após a trágica morte do jogador de basquete Armando Albano, numa partida entre os dois clubes em 1942. Também estava presente quando a nova bandeira, com a estrela solitária foi hasteada em frente à sede.

Como não estar umbilicalmente ligado àquele local?

Como aceitar passivamente aquela derrocada?

Carlito em uma das muitas cerimônias em General Severiano. (Acervo: Última Hora)

Com a venda concretizada, 25 operários trataram de colocar as antigas arquibancadas abaixo e o Botafogo passou a treinar (e a jogar) no precário estádio de Marechal Hermes. Para piorar ainda mais as coisas, o time ainda vivia um amargo jejum de títulos.

Mesmo com a transferência, Carlito Rocha e outros 24 nomes da oposição não esmoreciam, para desespero de Charles Borer que viu, contra sua vontade, o casarão de General Severiano ser tombado pelo Patrimônio Histórico Nacional. Aquela viagem de Carlito à Capital Federal tinha surtido efeito.

O negócio não chegou a ser desfeito, mas a Vale do Rio Doce acabou ficando com um “mico preto” nas mãos. A construção da nova sede da empresa previa a utilização de todo o terreno, mas como o casarão não mais poderia ser demolido, o projeto acabou se tornando inviável.

Desolado, Carlito passava horas em meio às ruínas do velho estádio. (Acervo:BFR)

Charles Borer não teve sossego até o fim de seu segundo mandato, correu até mesmo o risco de um processo de Impeachment encaminhado por um abaixo-assinado de 10 mil torcedores e 365 sócios e beneméritos do alvinegro, entre eles, é claro, Carlito Rocha, que nunca chegou a colocar os pés em Marechal Hermes.

Truculento, Borer não engolia aquela situação e disparava impropérios a torto e a direito, como em uma entrevista à revista *Placar*: "São comunistas, comunistas. Sou perseguido porque meu irmão, Cecil Borer, foi delegado chefe da Divisão de Polícia Política e Social, e depois passou para o Dops (...) Sou um homem perseguido pelo Partido Comunista, o martelo está permanentemente erguido sobre a minha cabeça. Tenho informação oficial - repito, oficial - de que há infiltração comunista entre os botafoguenses. A partir disso, acionaram uma campanha para me desmoralizar. Uma vingança contra meu irmão, que militou contra os comunistas". Entre outros desaforos, disse que o futebol não era importante para o Botafogo e sim o patrimônio do clube. E quando perguntado sobre a revolta dos torcedores, retrucou com ironia: "Pouco me importa a torcida".

A última grande alegria que o Botafogo deu a Carlito foi ter vencido o Torneio Início de 1977. É que a taça levava seu nome. Foi um dos poucos troféus conquistados no nefasto jejum entre 1968 e 1989. O Botafogo venceu o Vasco na final, por 2x1, com um gol de Ricardo, marcado na prorrogação.

O capitão Carbone recebe a Taça Carlito Rocha das mãos do próprio.

O coração castigado não permitiu que visse a saída de Borer pela porta dos fundos da história do Botafogo. A mágoa era tão grande que, segundo o jornalista José Ignácio Werneck, o ex-dirigente jogou no lixo todos os documentos que o ligavam juridicamente ao Botafogo. Carlito morreu em março de 1981, aos 87 anos, dias depois de outros dois históricos botafoguenses, o ex-presidente Nei Cidade Palmeiro e o jornalista Salim Simão.

No *Jornal do Brasil*, a crônica de João Máximo estampou a capa do Caderno B, caderno de Cultura do jornal, o que mostra o quanto a figura de Carlito Rocha transcendia as quatro linhas: "O Botafogo perdeu, ontem, o seu torcedor número um. Não o mais antigo, não o mais famoso, não o mais inflamado. Mas certamente o mais típico, aquele que parece ter inspirado todos os outros a se tornarem seres tão diferentes no complexo universo das arquibancadas: sofredor, solidário, combativo, implacável, franco, fiel, supersticioso... E não foram muitos que amaram o Botafogo como Carlito, por tanto tempo e com tão puro sentimento. Em compensação, poucos – provavelmente só ele, estrela solitária – serão tão lembrados como jogador, técnico, dirigente, mito e torcedor em toda a história do clube".

CARLITO ROCHA * 1894 † 1981

APAGA-SE UMA ESTRELA SOLITÁRIA NO CÉU DO BOTAFOGO

João Máximo

caderno B

Até o fim, a mesma fé, flores e orações para as santas de sua devoção na capelinha do Botafogo. Crente em muitas coisas — fluidos, olho grande, forças ocultas — Carlito fez do cãozinho *Biriba* um talismã da vitória do Botafogo no Campeonato de 1948

O belo texto de João Máximo em homenagem a Carlito Rocha. (Reprodução: Jornal do Brasil)

No *Jornal dos Sports*, Geraldo Romualdo da Silva, botafoguense e amigo de Carlito, escreveu em sua coluna no "cor-de-rosa": "Meninos do Botafogo, a morte acaba de rasgar um enorme pedaço da nossa bandeira". Em *O Globo*, outro botafoguense, Claudio Mello e Souza, complementou: "Homem bravo e destemido, lamentava sempre não ter mais forças para brigar pelo Botafogo e para fazê-lo de novo, igualzinho a antes, o seu querido e autêntico 'Glorioso', que ele ajudou a criar com a pertinácia dos idealistas".

Bastos foi ao enterro de Carlito e o que mais o impressionou foi a dor estampada no rosto do goleiro Oswaldo Baliza. Com todos com quem conversava, o arqueiro do título de 48 falava sempre a mesma coisa: "Seu Carlito foi um pai para todos nós jogadores".

Mesmo sendo, agora, funcionário da Vale, ajudou a preparar tudo para a missa que seria realizada no jardim da antiga sede, só que o tempo começou a fechar e, por medo da chuva, a cerimônia foi transferida para a antessala do casarão. Havia bandeiras e gente por todo lado. A dor pela perda de Carlito, Nei e Simão ganhava, naquele local, a companhia de um outro sentimento, o do dever. Dever de trazer o Botafogo de volta para General Severiano. E as palavras do padre Joaquim de Araújo se mostraram inspiradoras: "A fase difícil passará com a força de todos nós, porque é o coração botafoguense que presta essa homenagem aos que se foram".

Ao ouvir isso, o vigia lembrou-se imediatamente de uma frase, dita em tom quase profético por Carlito aos "fiéis" que sempre o escutavam em frente à sede: "Ainda hei de ver a torcida enxotar os vendilhões do templo. Sim, porque o Botafogo também é um templo sagrado".

Depois da missa, a rotina e o abandono do casarão voltaram e Bastos, naquele começo de noite de verão de 1981, se convencia de que aquela história do chapéu não passara de uma ilusão criada por sua mente. Aquele senhor que, mesmo depois da sede ser vendida, todos os domingos vinha até ali, apoiado em sua bengala, orar por seu clube, fazia parte do passado.

Na troca de turno, ao se benzer em frente à cruz da pequena capela da antiga sede, Bastos percebeu um objeto lá dentro. Entrou e se deparou com uma pequena imagem de Nossa Senhora. Ficou intrigado. Como ela teria ido parar ali? O local estava vazio há meses. Chegou a pensar em retirá-la, mas desistiu. E, por via das dúvidas, rezou uma Ave-Maria antes de tomar o rumo de casa.

Naquele mesmo dia, um embrulho havia chegado à mesa do presidente da Vale do Rio Doce. Ao abri-lo, encontrou uma imagem idêntica àquela deixada em General Severiano. Chamou a secretária; queria saber quem tinha enviado aquilo. Mas a entrega fora realizada pelos Correios e não havia remetente.

Antes de deixar a sala, no entanto, a moça se virou para ele e disse: "Saber quem mandou, eu não sei. Só sei que é uma imagem de Nossa Senhora da Conceição. Aliás, hoje, é o dia dela".

Até o fim da vida, a fé em N.S da Conceição e no Botafogo se manteve firme.
(Acervo: Carlos Eduardo Pereira)

Ilustração do "guerreiro" Carlito Rocha feita por Carlos Porto.
(Acervo do artista)

O *sportman*

A pequena redação do jornal *Gazeta de Notícias,* que ficava no número 104 da Rua do Ouvidor, no Centro do Rio, parou assim que o jornalista Freitas Leitão abriu a porta. Estava descomposto, chapéu de palhinha amassado, gravata esgarçada, uma das mangas do paletó pendurada e, para completar, um olho roxo. Embora parecesse chegar de uma batalha, vinha da praia de Botafogo, onde estivera para acompanhar uma partida de *water polo* entre as equipes do Vasco da Gama e do Guanabara.

Naquele começo de século XX a modalidade vinha atraindo o público carioca. O primeiro confronto aconteceu entre o Flamengo e o Natação, na praia de Santa Luzia, pertinho de onde fica, hoje, o Aeroporto Santos Dumont. Com o interesse crescente, as partidas passaram a ser disputadas na Urca, em frente aos pavilhões da Exposição Internacional de 1908. E, logo se tornou o esporte da moda.

Dos barcos, visão privilegiada da partida.
(Acervo: Careta)

A Federação Brasileira de Sociedades de Remo, que já cuidava das modalidades de Natação e Saltos Ornamentais, também passou a organizar os campeonatos de *water polo*.

Os jogadores, sete de cada lado, como determinavam as normas internacionais, usavam camisas com as cores de seus clubes. Era considerada uma falta de decoro se exporem com o peito nu. Só depois que nossa seleção esteve nos Jogos Olímpicos de Antuérpia, em 1920, é que se soube que, lá fora, o uniforme era dispensável (menos o calção de banho, é claro). Outra nova norma implantada aqui após a Olimpíada foi a obrigatoriedade de que os *players* só pudessem atuar com as unhas dos pés e das mãos bem aparadas. Isso até poderia parecer um mero detalhe, mas não era. Por ser o *water polo* um esporte de muito contato, não raro os jogadores iam direto da piscina para ambulatórios médicos por causa dos cortes provocados por unhadas. Os uniformes também saiam em frangalhos. Naquela partida entre Vasco e Guanabara, pelo campeonato de 1910, porém, o estrago foi bem maior do que vestes rasgadas.

As marcações dos limites da área de competição daquele dia foram posicionadas em frente ao varandim do Remo, um tipo de camarote à beira-mar para que uma seleta plateia pudesse acompanhar as regatas. É sempre bom lembrar que, naquela época o Remo era o esporte mais conceituado da capital do País.

As partidas eram disputadas com um belíssimo cenário ao fundo. (Acervo: Careta)

O varandim da Praia de Botafogo ficava sempre lotado.
(Acervo: Careta)

De acordo com o relato de Freitas aos companheiros de redação, havia um clima mais pesado do que o habitual. Olhares atravessados, cochichos daqui e dali. O jornalista bem que tentava, mas não conseguia descobrir o motivo.

Entre as quatro linhas imaginárias, dentro d'água, a tensão também era visível. Desde o começo, a partida foi muito disputada. Não faltaram situações em que parecia que o caldo iria entornar. Os atletas só se continham mesmo porque sabiam que uma briga durante o jogo significava exclusão imediata da partida e ninguém queria dar qualquer vantagem ao adversário. Porém, quando os rapazes deixaram a piscina, começou um bate-boca entre Carlos Martins da Rocha, o Carlito, do Guanabara, e Ângelo Gammaro, o Angelú, da equipe da Cruz de Malta. Das ofensas às vias de fato foi um pulo. Logo, os dois homenzarrões estavam trocando sopapos.

Quando viu que o conflito tinha se generalizado, misturando jogadores e plateia no mesmo sururu, Freitas Leitão até tentou deixar o recinto. Mas para evitar que torcedores que estavam do lado de fora aumentassem a confusão, o varandim foi fechado. Ninguém entrava, mas também ninguém saía.

Foi a briga mais feia da história da modalidade. Segundo o jornalista, todo mundo bateu e apanhou sem saber ao certo porque batia ou apanhava. A situação só se acalmou uns quinze minutos depois, quando se ouviram apitos do reforço policial que se aproximava. Ânimos arrefecidos, cada grupo seguiu seu caminho. Restou o desabafo do presidente da Federação, Major Ariovisto de Almeida Rêgo, que subiu numa das cadeiras e esbravejou: "Que tempos são esses, meus senhores. Este era para ser um ambiente de respeito. São os malditos malefícios da bola. Desde que ela surgiu entre nós, nunca mais tivemos sossego".

Tais atitudes eram consideradas incompatíveis com aqueles jovens que a sociedade da época chamava de *sportmen*. A maioria deles era de filhos de famílias abastadas. Rapazes que tinham condições e tempo de sobra para se dedicarem a atividades esportivas. Carlito Rocha era um deles. Em 1910, aos dezesseis anos, chamava a atenção por seu porte físico. Já media 1,90m de altura.

Nessa época ainda estudava no terceiro ano do Internato Nacional Bernardo de Vasconcellos, na Rua do Passeio, número 40. Era um aluno mediano. Pelas notas dava para ver que era ótimo em Inglês, bom em Desenho e Português, mediano em Latim e Matemática e fraco em Francês.

Nascido em 11 de novembro de 1894, vivia entre o Rio e Petrópolis, onde a família se estabelecera. Uma família bem grande, por sinal. Teve três irmãos (Pedro, José e Luiz) e sete irmãs (Cecília, Orlinda, Hortência, Alzira, Amelberga, Annita e Maria). A mãe, Dona Hortência Iolanda morreria três anos depois, já o pai, José Antônio Martins da Rocha, viveu até os 72 anos de idade.

Seu José foi comerciante, advogado e até Comissário de Polícia. Era apaixonado por corridas de cavalos. O Turfe gozava de bastante prestígio nos primeiros anos da República. Fundou o Derby Petropolitano, em 1894. A pista de corridas ficava na região da Engenhoca, onde hoje fica o distrito de Corrêas.

O local recebia a nata da Sociedade Petropolitana, mas não chegou a fazer muito sucesso com o público em geral. É que para chegar até o hipódromo era preciso pegar um trem que saía de Petrópolis ou então encarar uma estrada de terra toda esburacada. Os páreos não eram muitos e com poucos animais. O volume de apostas, por consequência, era pequeno e acabou fazendo com que as atividades chegassem ao fim.

Derby Petropolitano. O esporte sempre fascinou os Rocha.
(Acervo: Gazeta de Petrópolis)

Entre todos os filhos, Carlito era o mais mimado por "Seu" José. Admirava sua mania de se dedicar com afinco a tantas atividades ao mesmo tempo. Achava que essa qualidade poderia ser útil na Fábrica de Tecidos Nossa Senhora das Vitórias, que a família administrava em Petrópolis. Levava o rapaz para conhecer os teares, ver como tudo funcionava, mas o jovem Carlos achava tudo muito entediante. Só sossegou quando passou a trabalhar no escritório do Rio, afinal, ali, estava perto da atividade que mais o atraía: praticar esportes. Mesmo assim, com o correr dos anos, passou a ser o filho responsável pela indústria enquanto ela durou.

Carlito era sócio tanto do Guanabara quanto do Botafogo, clubes quase irmãos na época. Chegou a se sagrar campeão carioca invicto de *water polo*. Foi em 1917. Na final, o Guanabara venceu o São Cristóvão por 2x1. Os dois tentos do título foram marcados por ele. Também foi o artilheiro do campeonato com 17 gols. O jornal *O Imparcial* assim o descreveu: "Uma das belas revelações do nosso *water polo. Shoot* forte, boa compreensão do jogo e excelente natação. É o campeão de *goals* de seu *team* e *recordman* da temporada".

Carlito, campeão de *water polo.*
(Acervo: Careta)

Mas essa não era a única modalidade pela qual defendia o Clube de Regatas Guanabara. Como muitos outros rapazes, também era remador. E talentoso, por sinal. De acordo com o jornal *Vida Sportiva,* tinha dois lemas: "Em *water polo*, com unhas e dentes. No remo, chegada".

Se sagrou bicampeão brasileiro na prova de 2.000 metros para um único remador (1916/17), com o canoé Leo. Em 1916 também venceu a prova clássica Dr. Pereira Passos com o mesmo barco.

A EPOCA -- Segunda-feira, 8 de Outubro de 1917

F. B. S. R

A regata de encerramento da estação de 1917

«Léo», remado por Carlito Rocha vence o Campeonato do Remo

Os feitos de Carlito em destaque nos jornais.
(Reprodução: A Época)

Carlito Rocha também competia com outros tipos de barcos, o problema é que nem sempre podia contar com o mesmo nível de disciplina que se impunha. Na véspera de provas importantes, chegava a dormir na garagem dos barcos para não perder a hora. Certa vez, ao acordar, deu de cara com seu parceiro ainda fedendo a bebida e perfume barato, vindo direto de algum cabaré. Fechou a cara para o colega que, tolamente, perguntou se ele estava aborrecido. A resposta virou folclore no mundo do remo: "Estou aborrecido mesmo. É que hoje vou ter que levar um filho da p... pra passear de barco na Baía".

A maior vitória de Carlito, no entanto, foi em equipe e se deu em 15 de agosto de 1920. O Vasco da Gama se preparava para aposentar o barco Ibis, um iole para dois remadores com patrão. A embarcação era considerada imbatível. Tinham sido 19 vitórias consecutivas. A colônia portuguesa carioca já havia encomendado até uma redoma de vidro para expô-la após a vigésima vitória.

No domingo tão esperado, a mureta da praia de Botafogo estava repleta. Por todos os lados se viam bandeiras cruzmaltinas. Para se ter uma noção da importância do evento, a rodada do campeonato de futebol foi adiada para que os fãs pudessem presenciar aquele momento tão especial.

Os adversários pareciam ser inofensivos. A única novidade era um novo barco trazido da Itália pelo Guanabara. Fora batizado de Poranga (mulher bonita, em tupi-guarani). Sua tripulação era formada por Carlito Rocha, Armando do Rego Macedo, o "Parteira" e pelo patrão, João Coelho Netto, o "Preguinho", um menino de apenas 11 anos a quem Carlito ia buscar na escola, com a autorização dos pais, para que pudesse participar dos treinos. Do outro lado, no Ibis, estavam os campeoníssimos Claudionor Provenzano, Joaquim Carneiro Dias e Armando Ramos Arouca.

Carlito e Preguinho, seu "patrão".

O menino Preguinho, muitos anos depois e não mais menino, em uma entrevista ao jornal *Crítica*, lembrou do carinho de Carlito pela Poranga: "Ele passava de leve a mão gorda sobre o casco e dizia: 'Serás tão bela no mar quanto no teu nome. Iremos vencer'. Depois rezava, como fazia todas as vezes em que íamos remar. Nunca mais esqueci as palavras que ele dizia: 'É no mar, no furor da tempestade, que conhecemos, em Deus, a majestade'."

A multidão explodiu como um trovão com o tiro de partida. Carlito bradou seu grito de guerra: "Arriaga". Grito, aliás, que os próprios companheiros não tinham a menor ideia do que significava. O Ibis fugiu na ponta, mas lá pelos 200 metros, Poranga começou a se aproximar. Carlito e Parteira remavam firme. O garoto Preguinho gritava a marcação compassada e segurava as cordas do leme com firmeza. O espanto foi geral quando Poranga emparelhou e depois ultrapassou o barco vascaíno. Um silêncio tomou conta da plateia. Conforme Poranga abria vantagem, porém, os aplausos foram aumentando e quando cruzou a linha de chegada, o delírio foi total. Rei morto, rei posto. Carlito, Parteira e Preguinho foram carregados em triunfo.

A enseada de Botafogo, tomada pelos espectadores nos dias de regatas. (Acervo: Careta)

Em agosto de 1925 o Guanabara venceu uma regata com o *skiff* Carlito, batizado, em homenagem a Carlos Martins da Rocha. Esse e outros novos barcos haviam sido encomendados ao famoso construtor Fróes durante a Exposição do Centenário da Independência, em setembro de 1922. Tempos depois, outro barco do Guanabara também foi batizado como Carlito Rocha, um *outrigger* a quatro remos com timoneiro.

Cerimônia de batismo dos barcos do C.R. Guanabara.
(Acervo: Careta)

Não foi apenas o botafoguense Carlito que competiu pelas cores do Guanabara, outros nomes do alvinegro também atuaram por lá. Lembrem-se de que na época havia dois Botafogos e que no Botafogo Football Club, em General Severiano, não se praticava nenhum esporte náutico ou aquático. Mas por que, então, esses botafoguenses optavam pelo Guanabara e não pelo vizinho e homônimo Club de Regatas Botafogo? Quem explica é o jornalista João Saldanha: "Naquele tempo não tínhamos nada com o outro Botafogo. Todos do Botafogo de futebol torciam pelo Guanabara. A turma do Guanabara, por sua vez, era toda botafoguense. O pessoal do Botafogo de regatas, os aquáticos, eram todos, ou quase todos, torcedores do Fluminense, nossos inimigos... O Fluminense não queria *water polo* em sua piscina e mandou todos para a praia de Botafogo. Embora o nome fosse o mesmo, nada havia entre os clubes senão hostilidade. O Regatas fez uma pequena piscina de 25 metros e o Guanabara, uma de 50. Então dizíamos – 'Lavamos os pés no Regatas e vamos nadar no Guanabara'. Pura molecagem".

Piscina do Guanabara, com raias de 50 metros e água salgada. (Acervo: Careta)

A paz entre os dois Botafogos, como se sabe, só se deu em 1942, quando os dois clubes se fundiram e formaram o Botafogo de Futebol e Regatas.

Independente de, nos anos seguintes, estar mais ligado ao futebol, Carlito Rocha nunca deixou de ter grande afeição pelo remo. Tanto que, em meados dos anos 1940, assumiu a direção da Federação Metropolitana de Remo com o objetivo de dar vida nova ao esporte na capital.

Carlito Rocha recuperou a tradição do Remo no país.
(Acervo: Sport Ilustrado)

Como era de seu feitio, Carlito arregaçou as mangas e começou a trabalhar. Reorganizou o campeonato da cidade e trouxe para cá o campeonato brasileiro, vencido pela delegação do Distrito Federal. Aliás, nesse dia, Carlito perdeu mil cruzeiros. Seu otimismo nos cariocas era tão grande que apostou com outro dirigente que venceriam todas as sete provas. Perdeu; a delegação da capital venceu "apenas" seis.

Como se não bastasse, também organizou, nas águas da Lagoa Rodrigo de Freitas, um campeonato sul-americano. Porém, nenhum dos seus feitos superou a primeira regata noturna do mundo, como se apregoou na época. A disputa aconteceu no dia 15 de agosto de 1943, em homenagem ao presidente Getúlio Vargas.

No Palácio do Catete, recebido por Getúlio Vargas. (Acervo: A Manhã)

O brilho do evento, é claro, não se deveu à homenagem, mas sim à ousadia da iniciativa. Vivíamos a Segunda Guerra Mundial e o Rio de Janeiro, por ser uma cidade costeira, realizava um blecaute, todas as noites, para se prevenir contra-ataques das forças do Eixo (Alemanha, Itália e Japão). A iluminação das ruas se mantinha apagada e moradores da orla eram obrigados a ter grossas cortinas para evitar que a luz de seus apartamentos servisse como ponto de referência a possíveis inimigos. Mesmo assim, a persistência e o poder de convencimento de Carlito persuadiram as Forças Armadas não só a autorizarem o evento, como também a emprestarem oito enormes holofotes usados para a localização de aviões. Foram eles que garantiram a iluminação de toda a extensão das raias da competição.

Dezenas de milhares de pessoas lotaram o entorno da Baía de Guanabara, desde a praia de Santa Luzia, no Centro, até a Praia do Russel, na Glória. As pessoas se acomodavam em cadeiras, arquibancadas improvisadas e até mesmo sobre caixotes vendidos por camelôs que aproveitavam a festa para faturar uns trocados a mais. As autoridades ficaram em um palanque armado no alto do edifício da *Standard Oil*, bem perto do obelisco da Avenida Rio Branco.

Em seu discurso, Carlos Martins da Rocha, exaltou as possibilidades de crescimento do Remo no país: "O Brasil dispõe de enormes recursos e de homens com perfeita compreensão do dever e com alto patriotismo. Por isso não nos deteremos e havemos de passar das centenas de barcos para milhares de embarcações onde milhões de jovens brasileiros revigorando a saúde, se prepararão para a defesa da Pátria com perfeito vigor físico e boa disciplina".

Desde a véspera, o tempo estava chuvoso e preocupava os organizadores, mas, durante a tarde, um vento forte soprou e afastou as nuvens. As regatas aconteceram numa bela noite de luar. As águas agitadas da Baía também se acalmaram. Sinais claríssimos da Providência Divina, segundo Carlito Rocha. O programa teve, ao todo, 10 provas, algumas delas contando até com 12 embarcações. Cerca de 400 remadores competiram das nove às onze da noite. Ao final de cada prova era realizada uma grande queima de fogos de artifício.

Por muito pouco, no entanto, um imprevisto não prejudicou a festa. A locução do evento, literalmente, quase foi por água abaixo. O narrador oficial, Oduvaldo Cozzi, jornalista esportivo de maior prestígio na época, estava a bordo da lancha do árbitro geral, só que poucos minutos antes da primeira largada, uma onda sacudiu o barco e o transmissor de micro-ondas foi ao chão. Por sorte o estrago não foi grande e depois de alguns momentos de tensão, a geringonça voltou a funcionar.

O jornal *O Globo*, como toda a imprensa, de forma geral, exaltou não só o evento, como o empreendedorismo de seu organizador: "Fazendo-se um balanço dos resultados alcançados pela audaciosa realização, verifica-se que o trabalho e os sacrifícios despendidos foram amplamente compensados. Social, esportiva e tecnicamente a regata foi um sucesso. Teve ainda um caráter popular que certamente servirá para reconciliar o público com o esporte náutico". Para o *Sport Ilustrado*, o dirigente conseguiu reerguer o remo no país: "Carlito Rocha foi uma esperança e uma surpresa para o Remo. Esperança porque muito se esperava de seu desmedido entusiasmo e de sua dinâmica capacidade de trabalho. Surpresa porque ninguém esperava que sua ação no setor remeiro produzisse frutos tão rapidamente, nem que os resultados obtidos fossem tão vultosos como o foram". Em sua coluna em *O Jornal*, o radialista e compositor Ary Barroso resumiu: "Só mesmo Carlito seria capaz de um empreendimento de tal natureza".

Já no meio esportivo, o reconhecimento ao trabalho desenvolvido por Carlito na Federação de Remo pode ser exemplificado pelo depoimento de Arnaldo Costa, diretor do Flamengo: "Se em todos os ramos do esporte existisse um Carlito Rocha, não tenho a menor dúvida em afirmar que o Brasil seria um dos líderes do esporte no mundo inteiro".

Sucesso de público e crítica.
(Acervo: A Noite)

Mais de 100 embarcações participaram da competição inédita.
(Acervo: O Cruzeiro)

Carlito se destacava como o homem de todos os esportes.
(Reprodução: O Imparcial)

Jogando nas onze

Quando o padre chegou à casa da Família Rocha, na Rua Assunção, em Botafogo, o ambiente era de velório, pelo menos na expressão dos parentes e amigos que ali estavam em vigília. Velas, havia por toda parte. Santos, também. A figura do religioso, que chegava com sua grossa batina preta e a estola roxa, tornava aquela tarde ainda mais soturna.

No caminho para o aposento do doente, Padre Benedito passou por duas empregadas negras, em seus uniformes alvos, com olhos vermelhos de tanto chorar. A cozinheira Cesarina, que vira Carlito nascer e crescer, só deixava seu posto na porta do quarto para algumas poucas horas de repouso. Terço na mão, rezava novena atrás de novena. Havia prometido, em caso de recuperação, levar a pé uma vela do tamanho do rapaz até a Igreja de São Jorge, ao lado da Praça da República, no centro da cidade. Ligada também ao Candomblé, já tinha feito sua oferenda para Obaluaê, o orixá da cura e da terra. O seu "menino" precisava ficar bom.

A vinda do padre havia sido pedida pelo próprio Carlito Rocha, católico-apostólico-romano e fiel como poucos. Estava de cama há mais de uma semana e sua situação era bem grave. Uma forte pneumonia, segundo o doutor Quintiliano Pena, da Santa Casa de Misericórdia, embora o diagnóstico de meningite também não estivesse totalmente descartado. A febre não cedia. A tosse era cada vez mais insistente e a prostração tomava conta daquela figura corpulenta. Era o momento de receber a Unção dos Enfermos.

A voz de Carlito estava tão fraca que foi difícil para o sacerdote ouvir sua confissão. Em seguida, ungiu a testa e as mãos do doente com o óleo consagrado na Quinta-feira Santa. Em silêncio, todos acompanharam a oração: "Por esta santa unção e por Sua infinita misericórdia, o Senhor venha em vosso auxílio com a graça do Espírito Santo, para que, liberto de vossos pecados, Ele vos salve e, na Sua misericórdia, alivie vossos sofrimentos".

E pensar que a vida daquele rapaz estava prestes a ser abreviada por sua teimosia e pelo amor ao seu clube.

Carlito não vinha bem desde o começo daquele setembro de 1918. O inverno úmido daquele ano fez com que não se curasse direito de uma gripe persistente. Nos dias que antecederam a partida contra o América, pelo Campeonato Carioca, havia piorado. Na manhã daquele sábado, dia 7, acordou febril. Não tinha dormido direito por causa da dor de garganta e o peito estava dolorido de tanto tossir. Mas a partida daquela tarde era importante. O Torneio Municipal se encaminhava para seu terço final e o Fluminense se mantinha na liderança, com uma vitória a mais do que o Botafogo. O triunfo sobre a equipe rubra era fundamental.

Era feriado nacional, promessa de um bom público em General Severiano, mesmo com a possibilidade de chuva. Os torcedores botafoguenses estavam animados com a recente vitória sobre o Flamengo. A formação da equipe seria a mesma e, para melhorar as coisas, o adversário estava bem desfalcado.

Foto tirada minutos antes da partida contra o América. (Acervo: BFR)

Ao chegar ao estádio, Carlito ainda tinha dúvidas se jogaria ou não. Mas confiou em sua resistência física. Passou iodo no peito, tomou um cálice de vinho do Porto e partiu para o jogo. O Botafogo entrava em campo com Casusa, Monte e Osny (capitão do time); Police, Carlito e Pino; Beheregaray, Petiot e Santinho; Menezes e Vadinho.

No primeiro tempo, para sorte de Carlito, o ritmo do jogo não foi muito intenso. O placar de 0x0 refletia isso. Nos dez minutos de intervalo sentou-se num dos bancos para tentar acalmar a respiração. Estava exausto, o corpo todo doía, mas não podia desistir. Se saísse, seu time ficaria com um a menos.

BOTAFOGO x AMERICA

Carlito defendendo um corner batido contra a sua equipe

Apesar de muito gripado, Carlito se destacou na partida. (Reprodução: O Paiz).

Na segunda etapa, já não conseguia mais correr. Tanto que foi o jogador que cometeu mais faltas na partida. Chegou a ser advertido pelo *referee* (o juiz), Sr. Altamiro Mourão.

A situação, no entanto, sempre pode piorar. O chuvisco que caía, hora aqui, outra ali, transformou-se em garoa e, logo depois, em chuva forte. O Botafogo abrira o placar logo no primeiro minuto, com Menezes, e ampliara aos 14, com Beheregaray. Só não saíram outros gols porque o goleiro Tullio fez ótimas defesas para o time da Tijuca. Mas, faltando apenas quatro minutos para o fim do jogo, Casusa falhou num chute de longe e, em seguida, Arlindo empatou para os visitantes. Terminada a partida, Carlito desabou em campo. Teve que ser carregado para o vestiário. Naquela mesma noite perderia os sentidos, ficando de cama por dias.

Não era só em General Severiano que o assunto dominava as rodas de conversas. Em todos os clubes do Rio havia uma enorme expectativa sobre a recuperação de Carlito. No Guanabara foi realizada uma cerimônia religiosa à beira da Baía de Guanabara para orar por seu campeão.

Para a surpresa daqueles que esperavam pelo pior, contudo, o *player* botafoguense foi superando, aos poucos, o período mais crítico da doença. De acordo com o médico, a recuperação só fora possível pelo fato de Carlito ser um atleta. O remo, o *water polo* e o futebol haviam tornado seus pulmões bem resistentes. Os jornais da época não tardaram a dar a boa nova. Vejam a nota publicada em *A Época:* "Tivemos a grande alegria de saber já estar fora de qualquer perigo o querido *center-half* alvinegro. Sendo Carlito um de nossos *foot-ballers* mais queridos e admirados, à sua residência tem afluído uma romaria de amigos e companheiros que o querem restabelecido e são".

Assim que obteve alta, o primeiro lugar que quis visitar foi General Severiano, onde foi recebido com festa, como mostra o texto também publicado pelo jornal *A Época:* "Carlos Martins da Rocha caiu na esparrela de ir, ontem, ao Botafogo. Foi vítima de uma barbaridade inominável. Não houve uma só pessoa presente que não lhe desse um grande, um prolongado, um apertado abraço, por vê-lo completamente restabelecido. Carlito, a essa hora, deve estar completamente convencido de como é muitas vezes muito cacete ser grande e infinitamente querido como ele o é pela sociedade carioca".

Após a pneumonia, ao lado de Francisco Police,
Ernesto Joppert e Carlos de Pino.

Registro da missa pelo restabelecimento de Carlito.
(Reprodução: Vida Sportiva)

No dia 12 de outubro de 1918, o Botafogo e o Guanabara mandaram rezar uma outra missa, só que essa em ação de graças pelo restabelecimento de Carlito Rocha. A cerimônia aconteceu na Igreja de São

João Batista da Lagoa, na Rua Voluntários da Pátria, em Botafogo. A missa foi rezada pelo Monsenhor André Arcoverde e acompanhada por orquestra e coro. Naquele mesmo domingo, não só Cesarina, mas todos os outros empregados da casa dos Rocha, foram andando até a igreja de São Jorge para agradecer o que consideravam ser mais um milagre do Santo Guerreiro. Nas mãos calejadas da filha de escravos, uma vela de quase dois metros de altura.

Havia uma razão para que o futebol e o Botafogo tivessem tanta importância na vida de Carlito e ela tinha nome e sobrenome: Luiz Martins da Rocha. O irmão, cinco anos mais velho, era seu ídolo. Quando Lulu (primeiro jogador a adotar um apelido) começou a jogar pelo Botafogo, Carlito passou a ir a todos os jogos. E não coube em si, de tanto orgulho, quando Lulu conquistou os títulos de 1907 e 1910 pelo alvinegro. Este último, de maneira invicta. Na partida em que a conquista foi garantida de forma antecipada, o Botafogo goleou o Fluminense, seu maior rival, por 6x1. Quase seis mil pessoas lotaram o campo da Rua Voluntários da Pátria. Uma delas era Carlito, que assistiu a tudo de dentro do campo. No sexto gol, não resistiu e invadiu o gramado para abraçar o irmão.

Campeão carioca de 1910, Lulu Rocha está bem no centro, ajoelhado. (Acervo BFR)

No ano seguinte, depois de Pedro (outro irmão que atuou pelo Botafogo) e de Lulu, era a vez de Carlito levar o sobrenome dos Rocha para dentro de campo. E a estreia, no dia 6 de agosto, não poderia ter sido mais inusitada. Por causa de seu tamanho, foi escolhido para ser o goleiro da equipe de Segundos Quadros, contra o Germânia, de São Paulo, que visitava os cariocas. Naqueles anos iniciais do futebol carioca os clubes tinham primeiros, segundos e terceiros quadros, que disputavam seus próprios campeonatos. Chegaram a ter, também, times infantis. Ou seja, às vezes, num mesmo dia, havia quatro confrontos entre dois clubes.

A atuação mereceu elogios do *Jornal do Commercio*: "Carlito, o *goal-keeper*, já conhecido no Botafogo como perfeito conhecedor de sua posição, apanhou boas bolas ontem e manteve a inviolabilidade do seu *goal*, sendo, por este motivo, alvo de significativa ovação" (o Botafogo venceu por 2x0).

Do gol, Carlito foi deslocado para a defesa. *Center-half*, como o irmão, grande como ele, porém mais forte e menos talentoso com a bola nos pés, compensava as limitações com muito vigor. Não à toa o jornal *O Imparcial*, certa feita, publicou uma notinha irônica sobre seu desempenho nas quatro linhas: "O governo alemão, segundo fomos informados pelo caricaturista Sr. Francisco Romano, acaba de requisitar o intransponível tanque nacional Carlito Rocha, cuja experiência foi o suco do que há mesmo de bom".

A família Rocha foi uma das que se manteve fiel ao Botafogo no ano de 1912, talvez o pior de toda a existência do clube. Por ter rompido com a Liga Metropolitana, em solidariedade ao jogador Abelardo, injustamente punido por uma confusão durante uma partida contra o América em 1911, o alvinegro acabou disputando um campeonato paralelo, com clubes de pouca expressão. A situação era grave. O time jogava em um campo improvisado próximo à Rua São Clemente. E só não se podia dizer que não havia mais sede porque Herman Palmeira cedeu sua casa, na Rua Barão de Icaraí, para as reuniões da Diretoria. O

Botafogo só conseguiu se manter por causa daqueles rapazes abnegados que resistiram a todas as provações em nome do amor ao clube. Para o jornalista Mário Filho, foram eles que definiram o modo de ser botafoguense: "Isolando-se em 11, o Botafogo ficou mais Botafogo. Quem era Botafogo compreendeu porque era Botafogo, ficou sabendo por que não podia ser de nenhum outro clube. Eis o que dá ao Botafogo uma fisionomia própria, única".

O clube resistiu heroicamente até o ano seguinte, quando houve um acordo para que retornasse à Liga. O Glorioso estava de volta ao cenário principal do futebol carioca. Nesse ano, Carlito se firmou de vez na equipe dos Segundos Quadros, disputando todas as partidas do torneio.

Sua estreia no time principal se deu em 1914, justamente na última partida do campeonato, uma vitória de 3x2 sobre o Rio Cricket. Em 1915 teve mais três oportunidades, mas foi com os Segundos Quadros que conquistou seu primeiro título, com 10 vitórias em 12 jogos disputados.

Campeões de Segundos Quadros. Primeiro título de Carlito no Botafogo. (Acervo: Careta)

No ano seguinte, Carlito finalmente se firmou como titular no time principal, mas para surpresa de muitos, não mais como defensor e, sim, como atacante. Apostavam em sua altura. Todavia, o que na teoria parecia ser uma boa ideia, na prática não funcionou muito bem. Carlito marcou apenas dois gols, um contra o São Cristóvão e outro contra o Andaraí. Pelo menos conseguiu mais um troféu. Após uma partida de desempate, o Botafogo conseguiu a Taça Gargeol, dada aos vice-campeões. Uma virada sensacional sobre o Bangu, nos últimos minutos de jogo.

A alta estatura de Carlito fez com que jogasse no gol, na defesa e no ataque. (Acervo BFR)

A forte equipe do Botafogo na década de 1910. (Acervo:Vida Sportiva)

Aquele ano ficou marcado em Carlito Rocha, literalmente. Em 20 de setembro, na partida contra o América, em General Severiano, ao tentar tirar uma bola de cabeça, foi atingido por um pontapé de Paulino. Um dos pregos que prendiam as travas da chuteira do jogador rubro lhe abriu um lanho no couro cabeludo. Logo, Carlito estava coberto de sangue. Porém, para não deixar o time com apenas 10 em campo, voltou a jogar com uma enorme bandagem de gaze na cabeça. De lembrança ficou uma grossa cicatriz.

O ano de 1919 foi o primeiro pós-pneumonia e também o último de Carlito Rocha como jogador de futebol. Apesar dos alertas dos médicos disputou catorze das dezoito partidas do Torneio Municipal. Marcou um único, mas lindo gol contra o Bangu. Aproveitou uma perfeita cobrança de escanteio e emendou para as redes. Quem bateu o escanteio foi um garoto de 16 anos que ainda viria a brilhar muito pelo Botafogo, Nilo Murtinho.

No dia 7 de janeiro de 1920 a Assembleia Geral elegeu uma nova diretoria e, na mesma sessão, concedeu, por unanimidade, o título de sócio benemérito a Carlos Martins da Rocha, por seus "serviços incomparáveis de quem já se impunha como um dos maiores botafoguenses de todos os tempos".

Carlito provaria que os elogios eram justos. Fora de campo seria ainda mais importante para o Botafogo do que dentro das quatro linhas.

O jovem sócio benemérito Carlos Martins da Rocha.
(Acervo: BFR)

Mr. Rocha

Quinze anos.

Nem mesmo Domenico Borladoni se dava conta de há quanto tempo morava naquela mesma casa de cômodos na Rua Dr. Costa Junior, na Água Branca, um dos arrabaldes da cidade de São Paulo. Chegara ali ainda rapazote, incompletos 18 anos. Fugido da Primeira Guerra, desembarcara do vapor Duca di Genova no Porto de Santos. Foram quase 30 dias confinado na terceira classe, com mais umas 300 pessoas. Por sorte, entre elas, estava Pietro Zucardi. Ele tinha um tio que trabalhava em uma fábrica de sabonetes e lhe prometera emprego. Ficaram amigos. Foram juntos para a capital e juntos começaram a trabalhar nas Indústrias Reunidas Francisco Matarazzo.

Se habituara ao local. Ia a pé para o trabalho e, nos finais de semana de folga ainda aproveitava o Parque Antarctica, área criada por uma fábrica de cervejas para o lazer dos funcionários e da vizinhança. Foi lá que aprendeu a gostar de futebol. Sempre que podia, ia ver os rapazes do América se apresentarem. Mas o time logo se desfez e quem acabou ocupando o espaço foi o Palestra Itália, para sua alegria e da colônia, que lá por aquelas bandas era bem numerosa.

Naquele domingo ensolarado, quase véspera do Natal de 1929, o parque estava bem cheio. Muita gente tinha vindo para assistir a uma partida entre os selecionados de São Paulo e do Rio válida pelo Campeonato Brasileiro de Seleções. No primeiro confronto os paulistas tinham derrotado a seleção do Distrito Federal por 4x1, em pleno Estádio das Laranjeiras e a expectativa era de mais uma grande vitória. Motivo suficiente para Domenico abrir mão da clássica soneca que tirava depois do almoço. E olha que naquele dia tinha batido três pratos da *pasta al ragu di carne* que Dona Concetta, dona de um pequeno bar vizinho sabia fazer como poucos.

O italiano andava com os cariocas atravessados na garganta. A decepção da derrota de seu Palestra para o Botafogo, em março daquele ano persistia. É que uma grande comemoração havia sido programada para a instalação do novo estádio do time no terreno do Parque Antarctica. Representantes de todos os clubes paulistas compareceram e desfilaram pelo gramado. Só que o Botafogo, convidado para uma partida amistosa, não deixou que a festa fosse completa. Os alvinegros venceram por 3x2 e, de quebra, ainda levaram para casa um belo troféu. Lembrava com amargura de como um deles, um negro de largo sorriso, que mais tarde ficou sabendo se chamar Almir, gargalhava com a taça, a poucos metros dele.

O confronto entre Palestra e Botafogo no Parque Antarctica.
(Acervo: A Cigarra)

No caminho para o estádio, pensava com seus botões: "Desta vez a história vai ser diferente. Os cariocas vão ver só". Passou pela casa do velho amigo Pietro, na Rua Turiassú, onde ele e o sobrinho o aguardavam.

Apesar de ser tratado pela imprensa como um jogo entre cavalheiros, o confronto entre cariocas e paulistas andava muito mais para uma disputa de luta livre do que para um jogo de futebol. Os cariocas tinham reclamado muito da rispidez dos paulistas na primeira partida e decidiram levar para a "terra da garoa" uma equipe de pesos pesados. O único que não seguia a regra era o pequenino atacante Nilo.

A plateia, sentindo o clima da partida, também se mostrava agitada. Bengalas e chapéus de palha eram agitados, vaias e até alguns insultos podiam ser ouvidos toda vez que os cariocas ganhavam uma dividida. Apesar dos pesares, tudo parecia que iria acabar bem, pelo menos até o momento em que Camarão, do selecionado paulista, foi derrubado dentro da área. O pênalti poderia dar a vitória à equipe da casa, mas o apito de Carlito Rocha já soara antes da falta. Segundo ele, o santista Camarão estava em *off-side* e seguira a jogada mesmo depois de ouvir o apito.

Foi uma gritaria só. Enquanto os paulistas tentavam convencer o árbitro a voltar atrás, os cariocas comemoravam. A polícia entrou em ação para conter alguns torcedores mais exaltados. Domenico estava perplexo com aquela marcação, e mais surpreso ainda ficou quando viu o sobrinho do amigo, que estava ao seu lado, pular a pequena cerca que delimitava o espaço para o público e correr pelo gramado em direção ao juiz. Outros gostaram da ideia e fizeram o mesmo.

O que se passou, segundos depois, Domenico nunca mais esqueceu. O rapaz corria como um louco, punhos cerrados. Carlito Rocha, por sua vez, mantinha-se impassível, mesmo com a rápida aproximação do agressor. Quando ele chegou bem perto, Carlito levantou o braço e lhe acertou um tabefe daqueles. Estivesse o estádio em silêncio, todos teriam ouvido o estalo daquela mão de remador na bochecha do pobre coitado. Nocaute sem necessidade de contagem. Ao verem a cena, os demais invasores pisaram no freio. Olharam para Carlito, que os desafiava, depois se entreolharam e acharam melhor dar meia volta. A "vítima" foi retirada do campo sem que ninguém mais se manifestasse sobre o assunto. O placar final ficou, mesmo, em 2x2. Pior para Domenico e Pietro que tiveram que carregar o garoto, totalmente zonzo e com a cara vermelha como um pimentão, até em casa.

Ao se dirigir ao vestiário, por muito pouco Carlito não foi atingido por uma garrafa atirada por torcedores. Mas, como se nada houvesse acontecido, se despediu de todos e seguiu para a estação, onde pegaria o noturno em direção ao Rio. Estava tranquilo. Já tinha previsto que as coisas poderiam esquentar por lá e, para não ter sua presença como árbitro questionada (já que era carioca) impôs uma condição para apitar aquele jogo: uma solicitação por escrito das duas associações, a carioca e, principalmente, a paulista.

E não havia mesmo porque ficar com a consciência pesada. Os próprios jornais de São Paulo, no dia seguinte, elogiaram sua atuação. "Durante toda a partida a arbitragem foi contestada apenas uma vez (o que, convenhamos, é um recorde). O Sr. Carlos Martins da Rocha foi justo e enérgico", afirmou a *Gazeta de Notícias.*

FUTEBOL

O grande embate de ante-hontem no Parque Antarctica

Petro e Feitiço marcaram os pontos paulistas e Russinho e Theophilo os cariocas — O juiz da pugna foi dos melhores

A atuação do árbitro foi elogiada até pela imprensa paulista.
(Reprodução: Gazeta de Notícias)

Charge sobre os riscos para quem apitava partidas entre seleções regionais.

Nos primeiros anos do futebol não havia árbitros profissionais. Representantes dos clubes eram convidados para apitar as partidas. Bastava, para isso, que tivessem conhecimento do livrinho que continha as regras instituídas pelos ingleses para o *Football Association*. Era comum que representantes dos clubes que estavam em campo fossem os juízes. E ninguém reclamava. Era assim e pronto. Contava-se apenas com a honestidade e o cavalheirismo do sujeito.

O traje, nos primeiros anos, era quase de gala, com direito a sapato, calça comprida e paletó (pelo menos a gravata não era necessária). A denominação dos *referees* (termos em inglês eram muito comuns nos primeiros anos do esporte), por parte da imprensa, também era extremamente respeitosa. Eram todos chamados de *mister*: Mr. Stelling, Mr. Ford, Mr. Mendonça, Mr. Rocha...

Mais britânico, impossível.

Fla-Flu de 1919, Carlito Rocha e os auxiliares Paula e Silva e Luiz Palamonte. (Acervo: O Paiz)

Um dos mais requisitados para a função era Carlito Rocha. Já tinha sido jogador e só havia parado por problemas de saúde. Era visto por todos como um homem correto e com grande senso de responsabilidade. Em uma entrevista ao jornal *O Paiz,* em 1920, questionado se não ficava preocupado em macular sua imagem com possíveis acusações apaixonadas de favorecimento para alguma equipe, especialmente o seu Botafogo, respondeu: "Como já vos disse, aceitei os convites para juiz que me foram feitos, até então, na persuasão de que o sacrifício era unicamente físico, em troca de uma honra que eu muito prezo... Sou da velha guarda, do tempo que se fazia esporte por esporte, e isso, provam os títulos de benemérito que me honraram os dois únicos clubes de que faço parte: Guanabara e Botafogo. Distinção essa que bem poucos são os que recebem no desporto carioca". O próprio jornal afirmava mais à frente: "Carlito Rocha, quando entra em campo, perde a personalidade de botafoguense. É somente o juiz. Vê o código do jogo e não dá pela cor da camisa dos adversários".

A incontestável imparcialidade atraía muitos convites, até para fora do Rio. (Reprodução: O Paiz)

É claro que não faltavam polêmicas. Até hoje o Vasco reclama de um gol não marcado por Carlito em uma partida do Campeonato Carioca de 1923. O time disputava o torneio pela primeira vez e acabou sendo campeão. No elenco, jogadores negros e mulatos, a maioria de origem humilde; o oposto dos demais clubes, que primavam por manter integrantes de famílias tradicionais da cidade em seus elencos. O título foi conquistado com 11 vitórias, 2 empates e apenas uma derrota. Derrota doída já que os cruzmaltinos juram que uma bola chutada pelo ponta-direita Paschoal ultrapassou a linha do gol rubro-negro, garantindo o empate. Carlito Rocha, com a visão encoberta, acabou não validando o tento. Reza a lenda que um grande quebra-pau se formou nas arquibancadas do estádio das Laranjeiras após o final da partida e que, como a turma das regatas também estava por lá, até remos teriam sido usados pelos brigões.

Apesar desse episódio, Carlito sempre foi uma figura muito considerada entre os vascaínos. É que o sucesso do popular Vasco da Gama incomodava os adversários, que decidiram, então, criar outra entidade, a Associação Metropolitana de Esportes Atléticos (AMEA) para tentar isolar o rival. A acusação era de que o clube alinhava "atletas de profissão duvidosa" e que não tinha um campo em boas condições. O Vasco permaneceu na Liga Metropolitana, ao lado de outros 21 clubes pequenos, e ganhou o campeonato da entidade. O Fluminense ganhou o campeonato da AMEA.

Em 1925, graças à interferência de Carlito Rocha, o Vasco acabou sendo admitido na AMEA. Carlito se portou como um verdadeiro advogado de defesa vascaíno e mostrou que não era mais possível, àquela altura, ignorar a importância do clube fundado pelos portugueses. A AMEA, no entanto, impôs uma condição: o Vasco não poderia mais atuar no pequeno estádio da Rua Moraes e Silva, na Tijuca. A solução foi usar o campo do Andaraí, na Rua Barão de São Francisco, mas essa situação foi só por pouco tempo.

No dia 27 de abril de 1927, o Vasco inaugurava o estádio de São Januário, com capacidade para 45 mil torcedores. A maior do Brasil na época. E quem apitou a primeira partida, um amistoso entre Vasco e Santos? Carlito Rocha.

Jogadores vascaínos com uma bandeira que unia os times do Rio. (Acervo: Revista da Semana)

O próprio Carlito se cobrava muito em relação a eventuais falhas. Às vezes apelava para a consciência dos jogadores, para que os mesmos confessassem qualquer irregularidade. Numa partida entre Flamengo e São Cristóvão, em 1927. Quando parecia que o jogo terminaria com o placar de 3x3, Carlito marcou um pênalti para o rubro-negro. Vadinho tomou posição para cobrar. Bateu forte, mas a bola se chocou com a trave e voltou para a área; no rebote, o Flamengo marcou. Os "cadetes", como eram conhecidos os jogadores do São Cristóvão, partiram para cima de Carlito Rocha, dizendo que o próprio Vadinho é que teria empurrado a bola para as redes. Se fosse isso mesmo, o gol teria que ser invalidado. Carlito acreditava que o gol havia sido assinalado por Hermínio e que, portanto, era válido. Com a vitória os flamenguistas garantiram o título.

Foi tanta polêmica que Rocha começou a duvidar de sua própria marcação. Hermínio tinha o mesmo tipo físico de Vadinho; era moreno, como Vadinho, e usava gorro, como Vadinho. É bom lembrar que, naquele tempo, ainda não havia números nas camisas. A solução encontrada para tirar o peso da consciência foi escrever uma carta a Vadinho pedindo que ele confirmasse ou não a irregularidade. Na prática, nada mudaria, mas Carlito precisava saber a verdade. Chegou a pedir que o jogador do Flamengo jurasse pelo irmão dele, o nadador Armandinho, que morrera precocemente. Vadinho negou, mais uma vez e acalmou o coração do juiz. O pessoal do São Cristóvão não se convenceu muito, até porque, como escreveu Mário Filho numa crônica sobre o tema: "Todo torcedor achava que, por amor ao clube, o jogador tinha que jurar em falso, ainda que pela alma da mãe ou de um irmão".

Para "sobreviver" naquela função era preciso ter pulso firme. Um físico avantajado como o de Carlito ajudava. Qualquer jogador pensaria duas vezes antes de encarar o homem.

O clima, muitas vezes, era pesado. E, com o aumento da importância do esporte, as rivalidades se acirravam. Em setembro de 1928, por exemplo, esperava-se uma carnificina entre Fluminense e Vasco. No encontro anterior, sobraram agressões. Alfredo Willemsens teve que ser operado por causa de uma entrada de Itália, do Vasco. Quando foi anunciado que Carlito se oferecera para ser o árbitro, o jornal *A Manhã* achou melhor lhe dar um conselho: "O popular Carlito confia demais em sua energia. Mas, se nos permite a irreverência, aceite um conselho amigo: fique doente no domingo. Não se exponha tanto. A coragem se deve guardar para momentos mais dignos. Ou o Sr. Carlos Martins da Rocha adoece – há tanta doença solta por aí – ou, então, se arme até os dentes. Desenferruje a garrucha e vá arbitrar o jogo. Só assim vai cortar os excessos. Os selvagens têm medo de armas de fogo, Caramuru". Mas a rigidez do juiz falou mais alto. O Vasco venceu por 2x1 e não houve qualquer tumulto.

Apesar de rigoroso, o árbitro Carlito Rocha não era autoritário. Ele preferia o diálogo respeitoso. Por não ter expulsado dois jogadores, Walter e Pepico, que se desentenderam durante um Vasco x América, de 1929, correu o risco de pegar uma suspensão de 30 dias. Porém, em seu relatório, Carlito alegou que tudo não passara de "um momento de desinteligência dos dois que, em seguida, se desculparam, havendo, inclusive o pedido dos demais jogadores em campo para que não castigasse aqueles *players*".

Comissão de arbitragem formada por Gilberto Rego, Carlito Rocha, Arthur Moraes e Castro e Guilherme Pastor.
(Reprodução: A Noite)

Sempre que foi preciso arrumar a casa da arbitragem do futebol carioca, Carlito Rocha era chamado. Foi assim no início dos anos 1930, como integrante do Conselho Diretor do Colégio de Árbitros.

No final dos anos 1940, foi empossado como interventor. Nesse período cuidou da preparação física dos juízes, ministrou ensinamentos técnicos e até conseguiu novos uniformes para eles. Também lutou pela profissionalização da função, inclusive com a garantia preestabelecida de remunerações e gratificações.

Carlito e o famoso juiz Mário Vianna, dois homens de gênio forte.

A profissionalização se fazia, mesmo, necessária. O esporte já mobilizava multidões e despertava grandes paixões. Os ideais dos *sportmen* que regiam os primórdios do futebol tinham desaparecido para sempre. Ou alguém imaginaria, hoje em dia, um dirigente como Eurico Miranda apitando uma partida do Vasco?

Credibilidade, um patrimônio de Carlos Martins da Rocha.

Mil e uma utilidades

Dizer que Carlito Rocha foi apenas jogador e dirigente é minimizar, grosseiramente, sua participação no mundo do futebol. Atuante, estudioso e, mais do que tudo, centralizador, sempre extrapolou suas funções, não importa quais fossem. Se era dirigente, também era treinador. Se era treinador, também era preparador físico. Se era preparador físico, também era nutricionista ou psicólogo. Isso quando não decidia atuar em todas essas áreas ao mesmo tempo.

Não bastava a Carlito representar o Botafogo como atleta. Se sentia na obrigação de também ajudar o clube fora das quatro linhas. Por isso mesmo, já em 1917, assumia a presidência da "Commissão de Sports". Foi tamanha a dedicação naqueles primeiros anos que logo em 1920 recebia a honra de ser declarado sócio benemérito do clube. Mas engana-se quem acha que tanto amor significava subserviência. Foram incontáveis as vezes em que o nosso personagem rompeu relações com o Botafogo. Quando via algo com que não concordava e seus argumentos não eram levados em conta, demitia-se, anunciava seu afastamento, ameaçava nunca mais voltar ao clube.

A primeira vez foi em 1921, por não concordar como o time estava sendo preparado para a disputa do Campeonato Municipal. Naquela ocasião, a Assembleia Geral se recusou a aceitar sua demissão e as pazes foram feitas. Uma rotina que se repetiria mais de uma dezena de vezes enquanto viveu o mais famoso dos botafoguenses. Se fôssemos, aqui, detalhar cada uma dessas situações, desde as mais graves até as mais banais, este livro teria pelo menos o dobro de páginas.

Não era dono de um gênio fácil. Apegado a seus valores e à defesa do esporte brasileiro, não tinha travas na língua. Expressava com sinceridade e sem medo suas opiniões, atitude que lhe rendeu eternos desafetos. Para se ter uma ideia da visão que os jornalistas tinham de Carlito Rocha, reproduzo um trecho de um editorial do jornal *Tribuna da Imprensa* de 1950: "Carlito Rocha sempre foi, e o será, um camarada sincero, de atitudes francas, bem intencionadas e corajosas. Um autêntico deslocado no esporte brasileiro. Desportista nato, com uma folha laureada, digna até de um Prêmio Nobel Olímpico, traz consigo, infelizmente, um grave pecado: é um fanatizado. Pelo Botafogo e pelo Esporte. Nos minutos dos triunfos, absorve-nos por completo; deleita-nos. Nas horas longas dos reveses, desencalma qualquer cristão; irrita-nos terrivelmente".

Uma das frases que Carlito costumava usar e que irritava seus opositores era: "Só há uma verdade. A que está do lado do Botafogo".

Amado ou rechaçado, o fato é que Carlito Rocha sempre teve um enorme espaço na imprensa. Sua opinião era sempre requisitada, principalmente quando o assunto era o futuro do esporte brasileiro. E o motivo era simples, Carlito sempre se empenhou ao máximo pela a evolução esportiva do país. Sua cabeça estava sempre maquinando formas para que nossos atletas pudessem se destacar e o Botafogo, durante muitos anos, foi seu "laboratório".

Na década de 1930 surpreendeu com novos métodos de preparação física. Começava a preparação de cada ano levando os jogadores para treinarem na praia. Uma grande barraca era armada em Copacabana, na altura do Posto 2. Os atletas desenvolviam diversas atividades, banhos de mar, ginástica, exercícios com *medicine ball* e até partidas de vôlei e de peteca. Segundo Carlito a intenção era que toda a musculatura fosse trabalhada e não apenas a das pernas, como era de costume. Passeios também faziam parte da programação. Levava os jogadores para pescarias ou, então, para desfrutarem os bons ares da Floresta da Tijuca.

Nos treinos com bola os métodos de Carlito também chamavam a atenção. Querem um exemplo? Colocar dois goleiros na mesma meta e duas bolas em campo para aperfeiçoar a pontaria dos jogadores e a atenção dos arqueiros.

Bate-bola com dois keepers

E DUAS BOLAS NO MESMO GOAL

O Botafogo está em plena semana do Vasco. Ninguem fala, no alvi-negro, na possibilidade de uma derrota. Os jogadores treinam para vencer. Todos querem melhorar a sua fórma, para ao sair do campo no jogo com o Vasco, seja indiscutivel a victoria do Botafogo. Diariamente treinam os cracks alvi-negros individualmente, sob a orientação de Carlito Rocha. A gymnastica obedece a um programma estabelecido, de maneira que entrem em movimento todos os musculos do corpo. A seguir vem o bate-bola. Os sapatos de tennis são trocados por shooteiras. Num dos arcos estão Aymoré e Alberto. Todos os jogadores de dentro da area iniciam verdadeiro bombardeio à cidadella. O bate-bola tem um aspecto de grande animação, pois são usadas duas bolas.

— Shoota forte! — pede Aymoré.

Alvaro está shootando bem e Carlito diz-lhe que isto o faz lembrar os seus melhores tempos.

Patesko na outra ponta não fica atraz. Augmenta a animação e todos passam a atirar com violencia. Octacilio e Bruno, dois backs shootam como artilheiros. Carlito manda Alberto descansar um pouco, para Aymoré ficar sozinho. Alguns minutos depois quem vae descansar é Aymoré. Meia hora de bate-bola e é dado por encerrado o ensaio indo os jogadores [illegible].

Aymoré e Alberto em apuros

Os métodos de Carlito sempre surpreendiam os jornalistas. (Reprodução: A Manhã)

Na primeira metade do século XX não havia quase nenhum intercâmbio de informações entre os países, principalmente quando o assunto era futebol. Qualquer tipo de inovação técnica ou tática só se dava através de observações em excursões ao exterior ou em partidas amistosas de times que passavam por aqui. As Copas do Mundo eram uma "caixinha de surpresas"; nunca se sabia ao certo o que esperar de uma determinada seleção.

Carlito Rocha sempre achou importantes esses intercâmbios e agenciou a vinda de vários clubes europeus para o Brasil: o Malmoe, campeão sueco, e os ingleses Southampton, Portsmouth e Arsenal (2 vezes). Só na primeira excursão do Arsenal foram quase 250 mil espectadores em 7 partidas.

Depois da empolgação inicial, no entanto, começaram a surgir críticas de que a boa intenção de Carlito (ou *Uncle Charles*, como os gringos o chamavam), na verdade, seria uma desculpa para lucrar com os amistosos se utilizando da boa vontade dos times daqui. Quem mais batia no dirigente carioca era a imprensa paulista, que nunca morreu de amores por ele.

Programa da visita do Southamptom.
(Acervo: BFR)

Carlito e a delegação do Arsenal a caminho de São Paulo.
(Acervo: Gazeta de Notícias)

A campanha surtiu efeito e clubes brasileiros começaram a recusar os amistosos contra adversários estrangeiros. Ao invés do suposto lucro, Carlito acabou amargando um grande prejuízo. "Já sabia disso antes de fechar negócio. Mas encontrei gente disposta a correr o risco e aguentei a mão como mais uma contribuição ao esporte brasileiro, que sirvo desde a minha juventude. Felizmente está terminando a minha missão no esporte, é a minha resposta aos que demonstram para comigo incompreensão e animosidade. O que estão fazendo com nossos hóspedes e amigos ingleses é um espetáculo que me envergonha como brasileiro. Também não me envolvo em outra, esta foi a última vez", afirmou em uma entrevista ao jornal *Última Hora*, em 12 de junho de 1951.

Carlito sempre foi um estudioso do futebol. Encomendava revistas e os poucos livros publicados sobre o tema na Europa. Foi um dos introdutores da tática WM no Brasil; inovação apresentada, em 1930, pelo Arsenal, da Inglaterra, comandado pelo técnico Herbert Chapman.

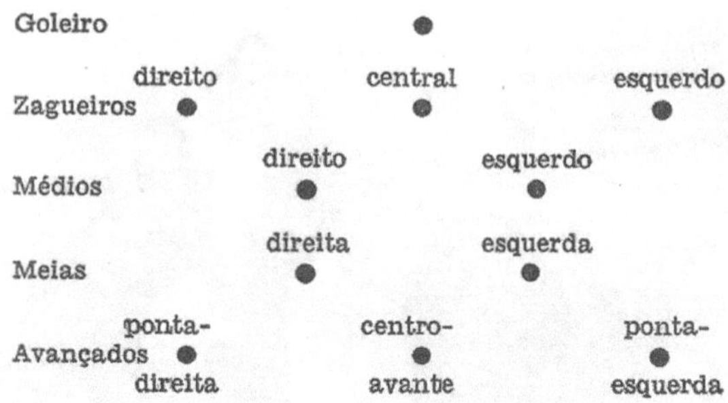

Outras táticas introduzidas, aqui, por Carlito, foram a da defesa cerrada, que nada mais era do que escalar um terceiro zagueiro (ou *back*, como se dizia naquele tempo) e a utilização de jogadas pelas extremas: "Quando o Martim Silveira era *center-half* do Botafogo eu pagava dez tostões pra cada vez que ele lançasse a bola para a ponta", ria com a lembrança.

Combatia métodos que considerava antiquados com argumentações que sempre surpreendiam. Certa vez soube que o time iria fazer um treinamento que consistia em subir correndo até o Alto da Tijuca. O dirigente logo estrilou: "Eles não vão jogar no plano? Então têm que treinar no plano".

Carlito, às vezes, participava dos treinos, de terno e tudo.
(Acervo: Diário Carioca)

Os avanços da medicina na área esportiva também muito interessavam ao dirigente alvinegro. Por isso mesmo, assim que soube da notícia de um aparelho capaz de medir a capacidade respiratória, ficou todo empolgado. Aquilo ajudaria na avaliação dos atletas e permitiria um trabalho individualizado.

Lembrou-se que o irmão Luiz estava de passagem por Londres e logo tratou de passar um telegrama: "QUERIDO IRMÃO PT NECESSITO URGENTE APARELHO MEDIÇÃO CAPACIDADE RESPIRATÓRIA PT IMPRESCINDÍVEL BOTAFOGO PT SAUDAÇÕES CARLITO". A mensagem chegou ao destinatário, mas ao ler aquelas palavras enviadas pelo irmão, Luiz Martins da Rocha deixou-se cair em uma das poltronas do lobby do York Hotel. Não tinha a menor ideia de que aparelho era aquele, tampouco de onde encontrá-lo na capital inglesa. A única coisa que sabia era que teria que dar um jeito. Se voltasse ao Rio de Janeiro sem a encomenda o irmão ficaria furioso.

A primeira medida que tomou foi procurar o *concierge* do hotel. Queria a indicação de algum estabelecimento onde pudesse encontrar equipamentos médicos. O homem não sabia como ajudá-lo, o pedido era muito vago. Só quando Luiz falou que era para ser usado com jogadores de futebol, o rosto do homem se iluminou. É que o *concierge* Thomas Wilkinson tinha um primo que trabalhava no Fulham, time do sul de Londres. Escreveu um bilhete de recomendação e indicou como Lulu poderia chegar ao estádio de Carven Cottage.

O táxi levou cerca de 45 minutos até o pequeno estádio à beira do Tâmisa. Já era esperado pelo jovem Charles. O primo havia telefonado e explicado toda a situação.

Luiz estava com sorte, o médico do time, por incrível que pareça, sabia exatamente do que se tratava. Havia comprado um aparelho daqueles um mês antes. Passou todos os contatos para o irmão de Carlito que, três dias depois, recebia o grande caixote no hotel.

Um mês depois, quando o navio chegava ao porto do Rio, a primeira pessoa que Luiz viu no píer foi o irmão. Pela altura, Carlito naturalmente já se destacaria dos demais, mas como abanava sem parar seu chapéu Panamá, realmente era impossível não ser notado.

Da Praça Mauá, Carlito e o caixote seguiram direto para General Severiano. Parecia uma criança com brinquedo novo. Assim que o treino terminou, chamou os jogadores. Todos deveriam soprar o canudinho ligado ao equipamento. Segundo o manual de instruções, as medições indicariam a capacidade vital de cada um. E assim foi feito. Um a um eles chegavam e sopravam. Os resultados iam sendo anotados em uma planilha.

O último a soprar foi o meio-campo mineiro Juvenal, no auge da forma física, aos 25 anos. Ao ver o resultado da medição do companheiro, chorados três litros de ar, o veterano atacante Sylvio Pirillo chamou Carlito num canto: "Seu Carlito, jogue isso fora. Isso não mede coisa nenhuma. Eu sou um velho de 36 anos que jogo quase parado e o Juvenal é um broto, com fôlego de gato. Então como é que eu posso soprar cinco litros e ele apenas três?". Carlito Rocha, sempre muito teimoso, dessa vez, se rendeu ao argumento. Mandou guardar a engenhoca e nunca mais, no Botafogo, alguém soprou aquele canudinho da ciência.

O que poucos sabem é que, após o episódio, o dirigente ficou um bom tempo sem falar com o irmão. Para Carlito, a culpa era de Luiz, que deveria ter trazido um aparelho que realmente funcionasse.

Havia toda uma rotina após os jogos. Os jogadores recebiam doses de oxigênio, aspiradas através de um tubo de borracha ligado a um grande cilindro. Além disso, todos eram obrigados a descansar durante duas horas em colchões espalhados na sede de General Severiano. Doze, porque um dos colchões era utilizado pelo próprio Carlito.

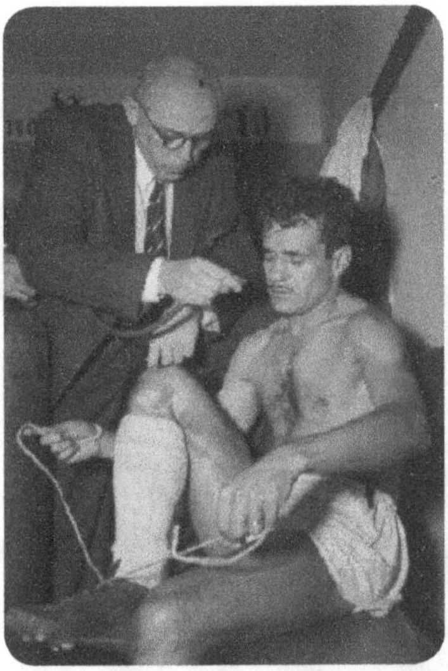

Carlito, Pirillo e a dose obrigatória de oxigênio ao fim do jogo.
(Acervo: Última Hora)

Outra obsessão de Carlito Rocha era a nutrição. Laranjas com Dextrosol (uma substância com alto teor de glicose), doce de leite, rapadura, mel e as famosas gemadas eram alimentos fundamentais, segundo ele, para que os jogadores rendessem melhor em campo. A imprensa e torcedores de outros clubes faziam chacota, mas Carlito mantinha a rotina de alimentação de seus comandados.

Charge sobre o poder das gemadas no título de 1948.

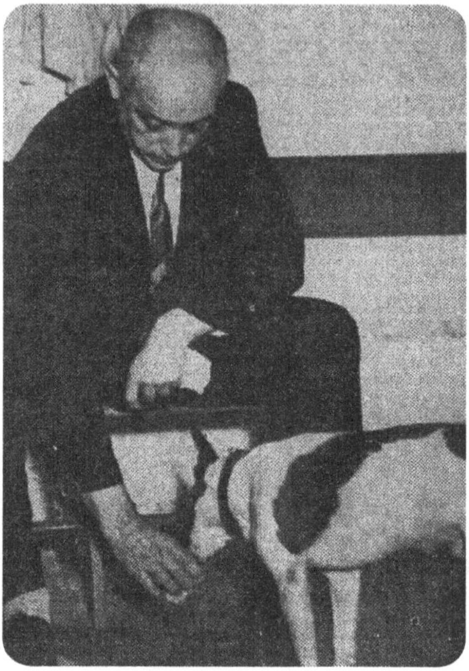

Até Biriba tomava as gemadas de Carlito.

As vitaminas também não podiam faltar. E não eram apenas para os jogadores. Certa vez, Carlito viu Zezé Moreira se pesando e ficou espantado como ele estava magro. Pegou um vidro de vitaminas e deu para o treinador, com a recomendação de que tomasse uma por dia.

Zezé levou as pílulas para casa e simplesmente se esqueceu delas. Quem não esqueceu, no entanto, foi Carlito Rocha. Ao fim de um mês, convocou o técnico para uma nova pesagem. Queria saber se as vitaminas tinham surtido efeito. Quando ele subiu na balança, o dirigente ficou exultante: "Viu Seu Zezé, não falei que ia funcionar? Você ganhou peso. Parabéns". E saiu sorridente porta afora. Só então Zezé Moreira retirou as duas grandes pedras que colocara no bolso do agasalho de ginástica. Não fosse assim, jamais ficaria livre das tais vitaminas.

Quem também costumava dar um drible em Carlito Rocha em relação às vitaminas era Nilton Santos. Fingia que tomava e guardava as pílulas em seu armário. Como tinha uma saúde de ferro, o cartola jamais desconfiou. Carlito passava por ele, dava um tapinha nas costas e dizia: "Que rapaz bonito e forte. Veio da Ilha tão fraquinho. As minhas vitaminas é que fizeram você ficar assim".

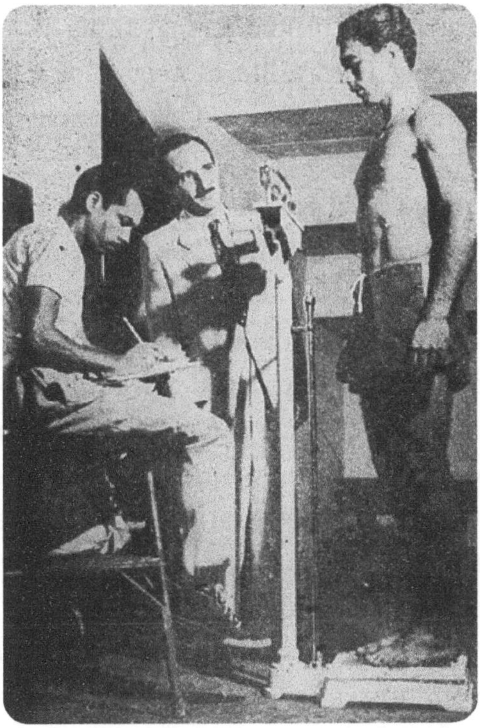

Com vitaminas ou não, ninguém escapava da balança do Dr. Paes Barreto. (Acervo: Sport Ilustrado)

Só que, um dia, ao ouvir Aloísio dizer que o estoque tinha acabado e que alguns jogadores não tinham recebido sua dose de vitaminas, Nilton falou: "Peraí, tenho um monte no meu armário. Eu trago para você". Carlito, que passava na hora, ouviu aquilo, olhou para o lateral e saiu do vestiário sem falar nada. "Eu nem imaginava que ele ficaria tão magoado. Ficou um bom tempo sem falar comigo direito", recordava Nilton.

E não era só no Botafogo que Carlito Rocha aplicava suas estratégias alimentares. Durante o período em que treinou o time do Canto do Rio, no começo dos anos 1940 (numa daquelas eventuais separações do Botafogo), Carlito também assumiu a seleção do Estado do Rio de Janeiro para a disputa do Campeonato Brasileiro de Seleções.

O time podia não ser brilhante, mas tinha lá seus valores individuais. Só que por mais que Carlito motivasse os jogadores, os treinos não rendiam. Na parte da tarde, então, os rapazes pareciam se arrastar em campo.

Foi Zé Caramujo, roupeiro da seleção fluminense, quem acabou solucionando o mistério. É que, na hora do almoço, os jogadores iam para uma pensão, ali mesmo no Centro de Niterói, e as refeições eram acompanhadas por generosas doses de cachaça.

Carlito ficou na dele, mas, no dia seguinte, apareceu com duas sacolas cheias de mangas bem carnudas. Explicou pra turma que tinha lido um artigo médico que afirmava que a fruta garantia uma dose extra de energia para atletas. Portanto, a partir daquele dia, antes de cada treino, cada um deveria chupar duas mangas.

O pessoal não se fez de rogado e começou a se lambuzar com as frutas, cada uma mais doce que a outra. Ao final do treino, antes que os jogadores fossem almoçar, Carlito reuniu os jogadores e deu seu recado: "Esqueci de falar uma outra coisa que estava no texto que eu li. Lá também dizia que o único problema da manga é a mistura com bebida alcoólica. Cachaça com manga, mata..."

Quem não entendeu nada foi o dono da pensão. De uma hora para outra, seu estoque de cachaça passou a durar bem mais.

Folclórico ou não, a verdade é que o nome de Carlos Martins da Rocha estava sempre em voga. Se algo não ia bem em termos de futebol, era sempre lembrado como uma opção, fosse na Seleção Brasileira, em selecionados regionais e, é claro, no Botafogo. A figura de "Salvador da Pátria" sempre foi associada a Carlito.

No Botafogo, ele mesmo se oferecia para ajudar e o clube, invariavelmente, aceitava. Foi assim em 1953, quando o time enfrentava uma crise. Bastou a chegada do velho dirigente para o alvinegro embalar uma série de vitórias.

Parecia que a presença mítica de Carlito Rocha elevava a moral do time.

PARECIA OUTRO TEAM, AO DERROTAR O AMÉRICA, NA TARDE DE SABADO – A INFLUENCIA D. ÇÃO TÉCNICA E OS COMENTARIOS SOBRE ATITUDES DOS JOGADORES – OS QUADROS – PEQU

RICARDO SERRAN

UMA COISA E' O SUCESSO DE CARLITO

FALTAVA UM GENERAL no Comando!

CARLITO ROCHA VOLTOU E O BOTAFOGO ENCONTROU O CAMINHO DA VITORIA

7 JOGOS EM 18 DIAS, O RECORDE SENSACIONAL DO ALVINEGRO QUE DESCANSOU, EM MEDIA, DOIS DIAS E MEIO

A própria imprensa criava a imagem de Carlito Rocha como uma espécie de salvador.

O mesmo aconteceu em 1963. A equipe lutava pelo tricampeonato, mas as coisas iam mal. O time havia sido derrotado pela Portuguesa por 1x0 nas Laranjeiras. O que fazer? Chamar Carlito.

Ele chegou a General Severiano pisando firme. Cumprimentava e era cumprimentado por todos. Altivo, esbanjando confiança, deu entrevistas e garantiu que o tricampeonato carioca viria. O objetivo era levantar a moral da "tropa". E funcionou, pelo menos na partida seguinte. Com uma brilhante atuação, o alvinegro derrotou o Fluminense por 3x0 com gols de Roberto, Quarentinha e Amoroso.

SOB NÔVO COMANDO, PROMETE REAGIR O BOTAFOGO

Carlito distribuiu afagos e doses de otimismo.
(Reprodução: O Globo Sportivo)

A partida contra o tricolor rendeu, inclusive, uma crônica de Nélson Rodrigues, que exaltou a convocação do velho dirigente: "O alvinegro estava desesperado e com razão. Perdera para a Portuguesa e vamos e venhamos: tal derrota fora mais triste do que o velório do Marmeladov no 'Crime e Castigo'. Ora, os homens e os times desesperados só têm a saída do sobrenatural. E daí a convocação urgente e pânica do velho Carlito Rocha. Era uma providência épica e sábia. E por que Carlito? É óbvio: porque a catástrofe exige um crente e ele é um homem de fé. Amigos, mais uma vez se prova que o futebol não comporta os ateus... Pois bem, desde o primeiro minuto, o velho Carlito incendiou General Severiano. Por mim, confesso: levo profundamente a sério os santinhos, as medalhinhas, as gemadas, o mel, a rapadura do grande botafoguense. O Botafogo de ontem não tem a menor relação com o da Portuguesa. Era um time dinamizado, virilizado, fanatizado... No domingo anterior o grande Tri morreu e insisto: nós o vimos estrebuchar em estertores fulgurantes de víbora. Eis o que pergunto: a vitória de ontem não terá sido a Ressurreição?".

Não foi.

Na partida seguinte o time voltou a perder, dessa vez para o Bangu, de virada, com dois gols nos últimos dez minutos da partida e deu adeus ao título.

Esta ingerência, por vezes exagerada, de Carlito Rocha no Botafogo acabou por afastar do clube outro de seus nomes mais representativos: Togo Renan Soares, o Kanela. Foram 27 anos de dedicação ao clube.

Kanela, assim como Carlito, fez de tudo um pouco. Até lavar e engomar calções nos tempos em que o clube não tinha condições de fornecer material para todos os esportes. Iniciou como técnico de futebol nas categorias de base chegando a dirigir a equipe principal. Também foi técnico de polo aquático.

Os dois viviam batendo de frente. A gota d´água foi a escolha de Carlito Rocha para a presidência, em 1947. Kanela decidiu mudar de esporte e de clube, tornou-se técnico de basquete do Flamengo e nunca mais frequentou General Severiano.

Acabou se tornando um dos maiores nomes do basquete brasileiro. Revolucionou o esporte. Entre suas principais conquistas estão o bicampeonato mundial de 1959 (Chile) e 1963 (Brasil) e a medalha de bronze na Olimpíada de Roma, em 1960. Em junho de 2007, Kanela entrou para o Hall da Fama da Federação Internacional de Basquete (FIBA).

Kanela, um dos nomes mais vitoriosos do esporte brasileiro.

Não era mesmo fácil domar o gênio de Carlito. Quando o assunto era o Botafogo, saía do sério e muitas vezes perdia a cabeça. E, mesmo depois de tantos anos ligado à arbitragem, era capaz de esquecer dos princípios que defendia quando apitava os jogos. Tanto que, em algumas vezes, exagerou e teve que responder por seus atos.

Em outubro de 1938, invadiu o campo de jogo para tirar satisfações com o juiz Guilherme Gomes, que acabara de expulsar o alvinegro Chemp. A revolta de Carlito era porque seu jogador havia reagido a uma agressão do tricolor Orozimbo que, portanto, também deveria ser expulso. O caso foi parar no Conselho Superior, mas o dirigente foi apenas advertido, já que apesar da invasão de campo, não tinham sido registradas ofensas ao juiz.

Um ano antes, em novembro de 1937, a situação foi bem mais complexa. O jogo era entre Botafogo e Fluminense. Os tricolores ganhavam por 1x0. O time de General Severiano jogava com 10. Zezé Moreira havia sido atingido por um chute na cabeça e não teve condições de continuar em campo. Mesmo assim, o alvinegro pressionava. Coube a Martim fazer o gol que selaria o empate. Ele passou por três adversários e com um leve toque encobriu o goleiro. Só que enquanto todos comemoravam, o juiz Carlos Potengy pegou a bola e a colocou no bico da pequena área tricolor. Disse que havia marcado falta de Martim e que o gol estava anulado.

À beira do campo, Carlito quase teve uma síncope. Esperneava, socava o chão. Até tentou invadir o campo, mas foi barrado pela polícia. Quando encarou Potengy, falou bem alto para quem quisesse ouvir: "Ladrão! Você rouba porque sabe que aqui está protegido, mas reze para nunca aparecer na minha frente".

Para azar de Potengy, o encontro aconteceu. Foi na Cinelândia, no Centro do Rio, quase em frente ao tradicional Café Nice. Carlito sempre garantiu que fora uma casualidade, mas há divergências.

Na delegacia do 5º Distrito, o juiz acusou Carlito e os jogadores, Otacílio, Martim e Álvaro de uma agressão premeditada e covarde. Disse que dois jogadores o seguraram para que Carlito e Martim pudessem espancá-lo. Ouvidos por jornalistas, os botafoguenses contaram outra história. Disseram que estavam indo ao cinema e que pararam no Café Nice para tomar algo. De repente perceberam Potengy e Carlito discutindo. Quando viram que o "caldo iria entornar" tentaram, em vão, segurar o cartola alvinegro, que acabou acertando um direto no olho do árbitro. "Ninguém segurou Potengy, até porque Carlito tem físico para brigar sozinho e não gosta de ajuda", afirmou Martim ao repórter de *O Globo.*

O assunto, é claro, ganhou as manchetes e as rodas de conversa de toda a cidade. Potengy pedia justiça, dizia que aquela história não terminaria assim. Mas, no final das contas, além de atos de solidariedade de outros árbitros, nada aconteceu.

O Conselho da Liga tratou de encontrar uma forma de não punir Carlito e abafar o caso. Informou que agressões a árbitros só podiam ser levadas em conta quando registradas até 48 horas depois da partida, o que não tinha acontecido. Potengy perdeu o prazo e, com isso, as prerrogativas de juiz de futebol. Se quisesse seguir com a demanda, que procurasse uma indenização via Justiça comum. O episódio não foi à frente e a única coisa que Carlos Potengy ganhou, mesmo, foi um tapa-olho.

Potengy reconstitue a scena da aggressão

Negam os jogadores do Botafogo - Não ajudaram Carlitos á esmurrar o arbitro

O caso da aggressão ao juiz profissional, Carlos Gomes Potengy, hontem verificada no Café Nice, continúa despertando os mais vivos commentarios nos nossos meios sportivos, onde as duas personagens principaes desfructam de popularidade. Conforme O GLOBO noticiou detalhadamente nas edições anteriores, o referido arbitro foi victima de aggressão, por parte do director do Botafogo, Carlos Martins da Rocha, tomando parte saliente no facto, os players Martim, Octacilio, Alvaro e o torcedor, conhecido por "Arrepiado".

O facto occorrido num ponto movimentado, como é o Café Nice, local onde se reunem os sportistas de varios clubs, despertou grande curiosidade, e logo se tornou o assumpto obrigatorio das palestras.

A agressão provocou muita polêmica.
(Reprodução: O Globo Sportivo).

De acordo com Paulo Mendes Campos, craque das letras e também botafoguense, Carlito foi muito mais que um ditador que tinha a perigosa mania de entender de futebol, como afirmavam seus opositores. Em um artigo intitulado "A Estrela Solitária" e publicado na revista *Ele & Ela*, o cronista mineiro destacou a abnegação pelo Botafogo: "Na constelação dos dirigentes esportivos não há ninguém como Carlos Martins da Rocha. Quer você o exalte como mago privilegiado ou o escarneça como promotor de risíveis pajelanças, terá que aceitar que se trata de um sujeito diferente, mais do que um padre do futebol do que um paredro (dirigente). É ele a paixão por um clube em estado exclusivista, próximo da alienação. Mas não nos cabe analisar por quais motivos um homem consome a existência inteira engajado ao esporte como se fora uma causa santa; isso é lá com ele e com o psiquiatra, em cuja porta (creio) Carlito nunca precisou bater. Ora, quem sabe viver com sua própria loucura tem bom juízo mental".

Ilustração do artigo de Paulo Mendes Campos.
(Acervo: Ele & Ela)

Para finalizar este capítulo sobre a dedicação de Carlito Rocha ao Botafogo, nada melhor do que uma historinha contada pelo jornalista botafoguense Canor Simões Coelho. Certo dia ele estava em General Severiano sentado à beira do campo, ao lado do dirigente, quando um funcionário chegou esbaforido: "Seu Carlito, seu Carlito. Ligaram de Petrópolis, sua fábrica está pegando fogo". Sem desviar os olhos da bola, Carlito, muito calmamente, respondeu: "Manda esperarem um pouco, meu filho, porque o treino já vai acabar e resolvo isso".

Se sentia na obrigação de orientar os mais novos como o menino Paulo César.

E continuou frequentando o Clube até não poder mais.

Pai, padrinho, patrão

Homens com muitos filhos sempre foram lendários. Dizem que Gengis Khan teve mais de mil. Ismail Ibn Shariff, Sultão do Marrocos; Augusto II, Rei da Polônia e Sobhuza II, Rei da Suazilândia, também tiveram algumas centenas de rebentos. Mas, entre os plebeus, o número mais significativo é o do queniano Ancentus Akuku Ogwela. Ele ganhou fama por ter se casado com mais de cem mulheres ao longo da vida, gerando 160 herdeiros. E sem qualquer crise familiar, afinal, na tribo Luo, que vive no oeste do Quênia, a poligamia é uma tradição antiga.

No Brasil, um homem superou essa marca e com apenas uma esposa. Foi Carlos Martins da Rocha. Mas antes que alguém possa fazer mal (ou bom) juízo de Carlito, cabe explicar que ele considerava e tratava todos que vestiam a camisa do Botafogo como se, realmente, seus filhos fossem. Talvez pelo fato de sua esposa nunca ter gerado uma criança esse sentimento tenha se tornado ainda mais forte.

Como técnico, dirigente ou, depois, como simples torcedor, Carlito sempre demonstrou enorme carinho e preocupação com os rapazes. Como bom pai, tentava, a seu modo, orientá-los para que sempre estivessem bem fisica, mental e moralmente.

Em qualquer situação, estando eles com razão, os jogadores tinham em Carlito um poderoso aliado. Foi assim em 1923, às vésperas de uma partida contra o Americano, da cidade de Campos, no norte do estado do Rio. Um dirigente do Botafogo chamado Oldemar Murtinho resolveu barrar, a seu bel prazer, a escalação do goleiro Almir Maciel, que vinha se destacando no time dos Segundos Quadros. Outros jogadores ficaram indignados com a arbitrariedade e avisaram que não iriam a campo. O tal Murtinho ficou uma "arara" e deu um ultimato a Alfredinho, Clóvis, Juca, Surica, Neco e Togo Soares, o Kanela. Ou participavam da partida ou seriam excluídos do clube. Todos se mantiveram firmes e a crise se instalou em General Severiano. Ao saber do fato, Carlito Rocha tomou as dores dos jogadores: "A diretoria tomou essas graves resoluções em 24 horas sem conceder aos acusados o sagrado direito de defesa respeitado até na Rússia" (em 1917, após uma revolução, o Comunismo havia sido implantado naquele país), declarou ao jornal *O Imparcial.* Na Assembleia que decidiu a questão, tomou a palavra, fez um discurso pelo entendimento geral e a punição foi retirada.

Com menos de 30 anos, Carlito já exercia grande influência no Botafogo. (Acervo: BFR).

À frente da equipe, fosse como dirigente, técnico ou preparador físico, a maior preocupação era sempre com o bem-estar de seus atletas. Em 1932, durante uma excursão do Botafogo ao Rio Grande do Sul, cinco jogadores contraíram tifo no hotel onde ficaram hospedados. Russinho, Rodrigues, Almir, Pedrosa e Carlos Leite tiveram que ficar internados por um bom tempo até que pudessem ser transferidos para o Rio de Janeiro. O clube bancou todo o tratamento e Carlito permaneceu ao lado deles, na capital gaúcha, até que tudo fosse resolvido.

O dirigente era bastante intransigente na preservação de seus "meninos". Em um treino no forte do Leme, o general Sadock de Sá, reuniu outros militares e pediu que alguns dos jogadores fizessem uma demonstração de controle de bola. Carlito, imediatamente, revogou a "ordem militar": "Nada disso. General. Isso aqui não é brincadeira, os rapazes estão trabalhando. Além disso, o pedido é totalmente inapropriado. Imagine se eu chegasse aqui e pedisse, só por curiosidade, para que o senhor desse uns tiros com seus canhões...".

Em 1936, o Botafogo fez sua primeira excursão ao exterior. A primeira de tantas outras que viriam nos anos seguintes. O time havia conquistado o Campeonato Carioca do ano anterior e tinha sido convidado para partidas no México e nos Estados Unidos. A longa viagem foi feita a bordo do velho vapor Lages. Carlito Rocha comandaria a delegação, mas teve que desistir por conta de compromissos pessoais, passando a tarefa para Sérgio Darcy.

Os jogadores ficaram inconformados. Queriam Carlito Rocha com eles, tanto que se uniram e pediram que o capitão do navio autorizasse o envio de um telegrama para o Rio de Janeiro, no qual solicitavam que o dirigente, assim que se livrasse de seus compromissos, pegasse um avião e os encontrasse em território mexicano. É claro que Rocha não resistiu ao apelo dos rapazes e embarcou logo que pôde.

O Dirigente Que Vale Meio Team

Um Appello Dos Cracks Botafoguenses A Carlito Para Que Siga Em Avião Rumo Ao Mexico

Affonso, Luciano e Canali, médios botafoguenses. Os cracks campeões reclamam a presença de Carlito.

Notícia sobre a "convocação" de Carlito Rocha.
(Reprodução: Jornal dos Sports)

No campeonato de 1946, numa partida contra o Madureira, dois jogadores do Botafogo, Pirillo e Otávio, tiveram que deixar a partida por causa de uma única entrada violenta de um defensor do tricolor suburbano. O autor da proeza: o zagueiro Arati. Dias depois, o mesmo foi contratado pelo alvinegro. Quando contestado, Carlito tratou de explicar: "Pelo menos enquanto ele estiver aqui, os times desfalcados serão os outros". A polêmica contratação acabou sendo muito mais proveitosa do que o dirigente poderia sonhar. É que Arati, no começo dos anos 1950, foi convidado para apitar uma partida pelo modesto campeonato do Departamento Autônomo. O jogo entre o Restauradores e o Esporte Clube Pau Grande, mudou a história do Botafogo e do futebol brasileiro. Foi lá que Arati viu jogar, pela primeira vez, um rapaz franzino, de 19 anos, chamado Manoel e que, apesar de ter as pernas tortas, infernizava os adversários. Convenceu o garoto a fazer um teste em General Severiano. O resto da história todos já sabem...

O jovem Garrincha chega ao Botafogo em 1953.
(Acervo: BFR)

Uma história contada por Armando Nogueira, no *Jornal do Brasil*, serve de exemplo da ligação de Carlito Rocha com seus jogadores. Ao saber que um jogador promissor dos juvenis estava sendo cobiçado pelo Flamengo, Carlito foi com outro diretor, Alfredo Taunay, até a casa do menino Joel. Tentou de toda forma convencer o pai dele: "Seu Martins, o Joel é um filho do Botafogo e o Botafogo não tolera a ideia de vender um filho seu, porque o Botafogo é uma família". Ao ver que os argumentos não estavam surtindo efeito, tentou uma última investida: "O senhor quer saber o que é o Botafogo. Se hoje o Vasco propusesse a troca do Ademir Menezes (artilheiro da Copa de 50) pelo Baduca (um atacante reserva alvinegro), nós não aceitaríamos, porque o Baduca é um filho nosso, não é mesmo, Taunay?". O professor Taunay não se segurou: "Espere aí, Carlito. Assim já é demais. O Ademir pelo Baduca, eu troco agora!". Sinceramente decepcionado, Carlito virou-se para o amigo e disse: "Taunayzinho, eu não sabia que você não gostava do Baduca. Isso me entristece muito, até porque ele sempre falou muito bem de você". Despediu-se de todos, deu as costas e foi embora cabisbaixo.

O "filho" Baduca com a bola nas mãos.
(Acervo: BFR)

Mesmo quando os jogadores não estavam indo bem, preferia tentar consertar as coisas na base da conversa. No intervalo de uma partida contra o América chegou cheio de dedos para falar com o goleiro Alberto que, afobado, espalmara uma bola, que sairia para dentro das próprias redes: "Albertinho, vejo que hoje você não está num dia feliz, portanto, não se incomode com as bolas que você, por ventura, não conseguir defender. Mas as bolas que chutarem pra fora, não ponha pra dentro não, meu filho, senão fica muito difícil para conseguirmos vencer".

Mas, é bem verdade que tinha horas em que também estrilava. No caso do jovem Hamilton, a paciência de Carlito chegou ao fim. O rapaz despontara como um atacante de talento. Tinha feito 29 gols no campeonato de Aspirantes, mas no time profissional não marcara uma vez sequer. Presidente do clube, naquele ano de 1950, e diante de tão pífio desempenho, foi duro com o jogador: "Você conhece o Friaça, que joga no Vasco e tem as pernas curvas para fora? Pois você tem as pernas certas, retinhas e, portanto, tem que jogar bem melhor do que ele, ouviu?". Ouvir, até que ele ouviu, mas gol que era bom, não fez mais e acabou sendo vendido para outro clube.

O dirigente se orgulhava de dizer que tinha olho clínico e que logo de cara já sabia se o jogador tinha futuro ou não. Acertava muitas vezes, mas em outras errava feio. O caso de Telê Santana, que viria a se tornar um dos maiores ídolos do Fluminense, foi uma grande bola fora de Carlito. O "fio de esperança", como mais tarde ficou conhecido, treinou algum tempo em General Severiano, mas não foi aprovado. Carlito Rocha achava que com aquele físico minguado não tinha condições de jogar futebol. Um olheiro do tricolor tinha outra opinião e tratou de levar Telê para as Laranjeiras.

Anos mais tarde, Carlito também foi contra a contratação de Gérson, que viria se tornar o "Canhotinha de Ouro" e grande ídolo alvinegro. Achava absurdo pagar 150 milhões de cruzeiros por um jogador que chutava com uma perna só. Graças a Deus a opinião dele não foi levada em conta.

No caso de Nilton Santos, no entanto, o dirigente alvinegro acertou em cheio. Muito já se falou sobre a chegada do jogador ao Botafogo. Na época, chegaram a dizer que Carlito o teria descoberto quando passava de carro pela Praia de Copacabana e vira Nilton jogando uma pelada na areia. O próprio lateral sempre zombou dessa versão: "Seria preciso que o Seu Carlito tivesse olhos de águia para dirigir e ao mesmo tempo descobrir que um peladeiro era craque de bola".

A verdade é que o jogador chegou ao clube, no começo de 1948, levado pelo diretor social Bento Ribeiro e o major Honório, da Aeronáutica. Tinha apenas vinte e dois anos. Carlito olhou para o rapaz que usava terno simples de casimira e gravata de listras largas de cima a baixo e gostou do que viu. O diálogo a seguir foi narrado pelo jornalista Maneco Muller, grande amigo dos dois, em uma crônica no jornal *Última Hora*:

"– Você sabe jogar futebol?

– Jogo, sim senhor.

– Com os dois pés?

– Sim, senhor.

– Você joga com a cabeça?

– Jogo, sim senhor.

Carlito então ergue seu enorme corpo (a cadeira estalou), bateu a mão com força na cabeça quase sem cabelos.

-Não falo cabecear não, seu Nilton. Quero saber se você tem massa cinzenta, se joga com inteligência.

– Lá na Ilha eu engano, sim senhor.

Carlito riu da resposta e desceram as escadas do clube até o jardim. De repente o presidente parou.

– Fica ali na grama, Nilton. Agora, salta!

– Como?

– Salta. Quero ver você saltar.

Nilton deu um salto meio sem jeito.

– Salta mais alto.

Olhou para o amigo da Aeronáutica que fez com a cabeça que sim, que saltasse.

– Está bem, rapaz. Agora como se estivesse cabeceando. Finge que a bola vem que eu quero ver.

Nilton mirou uma bola imaginária lá no alto e meteu a cabeça com fé.

– Muito bom. Você é elástico, tem equilíbrio ótimo, um físico excelente. Vai treinar hoje mesmo. Vamos ver se você é bom de bola como o Bento Ribeiro diz".

Naquela mesma tarde, depois do treino, o clube lhe ofereceu 20 contos de luvas, cama, comida e um salário de um conto de réis por mês.

De acordo com Maneco Muller, que também usava o pseudônimo de Jacinto de Thormes, Carlito o chamou num canto e fez uma profecia: "Se você fizer tudo o que disser, se você não se esquecer dos meus conselhos, você será, este ano, campeão carioca. E depois será campeão brasileiro, campeão sul-americano e campeão do mundo".

Já era noite quando Nilton voltou para casa na Ilha do Governador. Estava certo que o presidente do Botafogo não batia bem da cabeça. Além de falar aquilo tudo, ainda queria colocá-lo para jogar na defesa. Logo ele, que adorava ir lá na frente e fazer seus golzinhos. Mal sabia que seu destino estava traçado.

Daquele dia em diante, Carlito passou a cuidar do rapaz. Nos treinos, estava sempre de olho no seu novo defensor.

Paraguaio e o jovem Nilton Santos no Botafogo de 1948.
(Acervo: Sport Ilustrado)

No final de um treinamento, numa brincadeira com os demais, Nilton começou a dar chutões. A cada chute a bola ia mais alto. Ao ver aquilo, Carlito alertou: "Não se desgaste sem necessidade, meu filho. Você tem facilidade para perder sódio. Lembre-se, eu sei tudo de você: seu organismo, seu peso e até sua altura, um metro e setenta e oito centímetros". O lateral retrucou: "Eu tenho um metro e oitenta, seu Carlito". O cartola ficou abismado: "Não é possível, Nilton. Você cresceu???".

Todos percebiam, Carlito Rocha tratava de Nilton Santos de uma forma diferente, paternal. Talvez por isso mesmo, cobrasse tanto para que ele fosse um exemplo para os demais. Mesmo os pequenos deslizes não passavam em branco, como no caso de uma multa aplicada a ele, Paraguaio e mais dois jogadores por terem participado de uma pelada sem autorização da Diretoria. Nilton, por ter reclamado publicamente da punição, teve a multa dobrada.

Descontos nos salários eram a punição mais constante a jogadores naquele tempo. Após uma partida em que o Botafogo foi derrotado pelo São Paulo, no Pacaembu, um dirigente afirmou que Nilton Santos teria feito "corpo mole"; estaria insatisfeito com a presença do argentino Basso no time. Nilton ficou louco, partiu direto para o *Diário da Noite*, onde trabalhava o amigo e jornalista Sandro Moreyra e soltou o verbo. Bastou o jornal chegar às bancas para que a Diretoria se reunisse e decidisse multa-lo em 60% do salário.

No treino seguinte, dias antes de um clássico contra o Fluminense, o lateral entrou em campo, deu uma pequena corrida, fez cara feia e fingindo sentir uma dor no joelho seguiu em direção ao vestiário. Carlito, que estava assistindo a tudo, perguntou o que havia acontecido. Nilton falou da contusão no joelho e recebeu, de "bate-pronto", a resposta do experiente cartola: "Dor no joelho, coisa nenhuma. Pare de mancar e vá até a tesouraria. Avise lá que a multa está cancelada. Depois volte e treine direito". Nilton treinou e, no domingo, o Botafogo venceu o Flu por 3x1.

A confiança de Carlito no talento de Nilton Santos sempre foi total. Desde o título de 1948 até o bicampeonato mundial, com a Seleção, no Chile em 1962, quando boa parte da imprensa dizia que o lateral estava velho demais para ir a uma Copa. Tanto que assim que Nilton voltou a General Severiano, Carlito chamou os repórteres e anunciou: “Esse homem ainda irá à Inglaterra e nos trará o tri”. A cada elogio que fazia ao lateral dava um tapa com aquela mão grossa e pesada na coxa de Nilton, sentado a seu lado. Foram tantos os elogios que o jogador teve que intervir: “Seu Carlito, se o senhor me der mais um tapa desses na perna, eu não vou conseguir jogar nem o Campeonato Carioca, quanto mais a próxima Copa do Mundo”. Aliás, foi Carlito Rocha quem entregou a medalha de ouro do título de 1958 a Nilton Santos, numa cerimônia do clube em homenagem a seus jogadores campeões do mundo.

Carlito Rocha foi o padrinho do casamento do lateral com a bela Abigail. Uma preocupação a menos para o então presidente do Botafogo, que perdia os poucos cabelos que tinha ao ver seus jogadores solteiros entregues à tentadora vida noturna carioca.

Além de Carlito, o jornalista Sandro Moreyra também foi padrinho.
(Acervo: Família Moreyra)

O cenário era quase sempre o mesmo, quando terminava o treino da tarde, nos dias em que não havia jogos, havia uma fila de carros de praça (como se chamavam os táxis da época) à espera dos jogadores.

Dentro deles, as chamadas "mariposas" que voavam ao entorno deles e os acompanhavam nas noitadas. Carlito olhava, desolado, para os rapazes, animadíssimos, embarcando nos carros. Ao goleiro Adalberto, que já era casado na época, desabafou: "A gente cuida desses rapazes com tanto carinho, faz de tudo para que eles fiquem em forma, para se acabarem na noite. A cada manhã, nos treinos, dá para ver, pelo tamanho das olheiras, o quanto a farra foi grande. Ninguém aguenta correr atrás da bola. Assim fica difícil".

Carlito bem que tentou combater a prática. Chegou a pedir à Chefatura de Polícia que colocasse um guarda de trânsito ali, todas as tardes, para multar os motoristas por estacionamento irregular, mas não foi atendido. Outra artimanha foi tentar cooptar os motoristas, primeiro implorando pelo espírito cristão de cada um, depois, tentando suborná-los mesmo. O único que lhe deu ouvidos foi Manoel Lourenço, um português de fartos bigodes, barriga protuberante esticando os suspensórios e um paletó azul tão surrado quanto o quepe. Era botafoguense. Na verdade, era torcedor do Boavista, time da Cidade do Porto, de onde viera dez anos antes. A escolha de um time carioca foi pela cor da camisa, preta e branca como a do time da "terrinha".

O *chauffeur* entendia os argumentos do presidente, mas tinha que ganhar a vida e, além disso, a moça que o contratava, de quatro a cinco dias por semana, ainda lhe garantia boas gorjetas. A rotina não mudava muito e era bem tranquila para ele. A moça telefonava para o ponto de táxi, em frente ao Instituto de Educação, na Tijuca e Manoel ia buscá-la na Rua do Matoso, quase esquina com Hadock Lobo. De lá seguiam para Botafogo, onde esperavam pela saída do rapaz. O destino era algum *dancing*. O Avenida, na Avenida Rio Branco, e o Eldorado, na Praça Tiradentes, eram os preferidos. O motorista os esperava até o fim da noite, quando seguiam para a *garçonière* do jogador, na Praça do Lido, em Copacabana.

O dirigente propôs que Manoel cooptasse os colegas através de um agrado financeiro bancado por ele, mas o motorista acabou por convencê-lo de que não havia muito o que fazer. Se ele, por exemplo, não atendesse ao chamado da "mariposa", outro motorista o faria. E o mesmo se daria com os demais. Por fim, deu um conselho ao dirigente: "Acho melhor reforçar aquelas gemadas que o senhor oferece aos jogadores. No ritmo que a coisa vai, só assim para os rapazes terem energia no dia seguinte, porque haja animação. Ah, e não se esqueça de também servir um pequeno cálice de vinho do porto. Não é porque é da minha terra não, mas faz muito bem ao coração".

Carlito se esforçava para deixar os rapazes em forma.
(Acervo: Diário Carioca)

A amizade de Nilton Santos e Carlito Rocha só foi abalada em 1964, quando o lateral decidiu encerrar a carreira. Carlito, que acreditava na possibilidade do jogador atuar ainda por mais um tempo, se sentiu traído por não ter sido comunicado previamente da decisão. Não tiveram mais contato até a morte do dirigente. Uma desavença que entristeceu Nilton e, com toda certeza, também Carlito; só que o velho dirigente, com sua teimosia, não soube perdoar o "filho" rebelde.

Em sua biografia, Nilton Santos reconheceu que poderia ter partido dele uma reconciliação e que juntos poderiam ter aparado as arestas, já que ambos se admiravam. Mas, infelizmente, isso não chegou a acontecer.

Carlito fazia questão de acompanhar todos os treinos da equipe.

Antes de sermos canarinhos

Se o Brasil, hoje, pode se orgulhar de ser o único país a ter disputado todas as edições das Copas, parte do crédito é de Carlito Rocha. Em meio à crise do futebol brasileiro, no início dos anos 1930, ele teve astúcia para conseguir montar um selecionado que pudesse nos representar no Mundial da Itália, em 1934.

Profissionalizar ou não o nosso futebol? Essa era a grande polêmica.

A verdade é que mesmo sem estar oficializado, o profissionalismo, no mundo da bola, já estava presente por aqui há algum tempo. Enquanto a AMEA (Associação Metropolitana de Esportes Atléticos), a APEA (Associação Paulista de Esportes Atléticos) e a LAF (Liga Amadora de Futebol), de São Paulo insistiam em preservar o lema do "esporte pelo esporte", nos campeonatos do Rio, de São Paulo e de outras partes do país, o "profissionalismo marrom" corria solto. Era cada vez mais comum a participação de jogadores pagos ilegalmente para compor as equipes dos clubes.

Embora houvesse um claro objetivo da classe alta da sociedade brasileira de tentar manter o futebol como exclusividade dos clubes elegantes, onde nascera e se criara, o jogo havia caído no gosto das classes populares que não queriam mais participar apenas como espectadoras. E a CBD, Confederação Brasileira de Desportos, se mantinha alinhada com a elite.

Uma prova inquestionável de que era preciso mudar esse quadro foi o Campeonato Brasileiro de Seleções, no início de 1934. Sem contar com jogadores dos clubes que brigavam pela adoção do profissionalismo, as seleções de Rio e São Paulo, que invariavelmente, se revezavam na conquista do torneio, acabaram suplantadas pelo modesto selecionado baiano.

Como oposição à CBD, surgiu a LBF (Liga Brasileira de Futebol), representante dos ideais profissionalizantes. Um significativo racha bem no ano de disputa da segunda Copa do Mundo. A imprensa do Rio e de São Paulo lançou uma campanha de entendimento para que a lama levantada por toda aquela disputa não respingasse na Seleção Brasileira, mas foi em vão. O presidente da AMEA, Eduardo Trindade, até propôs a adoção de um regime misto, mas alguns clubes bateram pé: sem o profissionalismo liberado, não cederiam seus jogadores para a Seleção.

O tempo corria e as chances de acordo eram cada vez mais remotas. Mas, quando parecia que teríamos que ficar de fora da competição, a CBD partiu para uma solução extrema e polêmica, cooptar jogadores dos clubes rebeldes. O escolhido para comandar essa tática de guerrilha foi Carlos Martins da Rocha, dirigente do Botafogo, principal aliado da entidade. Carlito era um defensor ferrenho do amadorismo, mas decidira aceitar a tarefa por uma causa maior, a importância da Pátria estar representada em tão importante competição.

O técnico escolhido foi Luiz Vinhaes. Ele já havia comandado a Seleção nas duas primeiras conquistas da Copa Rio Branco (taça que, em 10 ocasiões, entre 1931 e 1976, foi disputada por Brasil e Uruguai) e fora campeão carioca pelo Bangu, em 1933.

O Brasil No Coteio Universal Da Italia

A Federação B. De Football Responde A' C. B. D. Em Termos Que Indicam O Caminho De Uma Solução Satisfactoria

LUIZ VINHAES, CARLOS M. DA ROCHA E O DR. FERNANDO PINTO, PRESIDENTE DA A. C. D., NA COMMISSÃO SELECCIONADORA

LUIZ VINHAES

Treinador havia.
Mas haveria jogadores?
(Reprodução: Jornal dos Sports)

Resolvida essa questão, Carlito saiu garimpando, Brasil afora, craques que pudessem representar o país de forma digna no Mundial. O primeiro clube a levar o bote foi o São Paulo. Sylvio Hoffmann, Waldemar de Britto, Armandinho e Luizinho embarcaram para a capital federal à revelia do tricolor paulista. Do Grêmio, trouxe Luiz Luz e foi buscar o paranaense Patesko no Nacional do Uruguai. No Rio de Janeiro, o Vasco da Gama ficou sem Tinoco e Leônidas da Silva.

Para não perder seus jogadores, alguns clubes optaram por soluções bem radicais. O Palestra Italia (atual Palmeiras), ao saber do interesse da CBD por Romeu, Lara, Gabardo, Junqueira e Tunga, tratou de escondê-los numa fazenda no interior paulista. A segurança ficou por conta de homens armados. A foto de Carlito foi mostrada a todos com a ordem de passar fogo no dirigente caso aparecesse por ali.

A determinação foi levada a sério pelos pistoleiros, tanto que por muito pouco o caixeiro viajante Youssef Nagib não encerrou sua próspera carreira ali mesmo. No Brasil há quase 10 anos, escolheu o interior do estado de São Paulo para comercializar suas mercadorias. Naqueles dias visitava a região de Araraquara. Pela manhã, tinha passado pelo distrito de Bueno de Andrada e, depois do almoço, chegava a Matão e deu o azar de passar justo em frente à fazenda onde estavam escondidos os jogadores palestrinos usando seu inseparável chapéu Panamá, que o protegia do sol inclemente daquelas estradas.

Quando um dos seguranças viu aquele homem alto, de chapéu, parado na porteira, achou que se tratava de Carlito Rocha e meteu o dedo no gatilho. O tiro da espingarda atingiu o chão pouco mais de um metro à direita do mascate que tratou de fugir dali correndo. Não tinha a menor ideia do que estava acontecendo, mas nem pensou em tentar perguntar. No mesmo dia, pegou um trem para a capital paulistana e riscou Araraquara de seu mapa de vendas. Nunca mais voltou lá.

Com a dificuldade para "convocar" outros craques, Carlito decidiu que os demais jogadores fossem do Botafogo, nove ao todo.

A tática utilizada pela CBD recebeu muitas críticas. A informação, extraoficial, era de que os jogadores "sequestrados" receberiam, cada um, a exorbitante quantia de 30 contos, mais uma ajuda de custo mensal de um conto de réis. Um dos "patriotismos" mais bem pagos da história do país.

É claro que uma Seleção montada às pressas, como aquela, não conseguiria uma preparação adequada para o torneio. Para tentar recuperar um pouco do tempo perdido, Carlito Rocha, entusiasta da preparação física, aplicava treinamentos no convés do navio Conte Biancamano, que os levava à Itália. O único contato com a bola se deu numa escala em Barcelona, quando Vinhaes teve a oportunidade de comandar um coletivo.

O resultado de tanto improviso era evidente. Quando começou a Copa, boa parte de nossos atletas estava fora do peso ideal e sem qualquer ritmo de jogo. Sorte dos espanhóis, adversários do Brasil na partida de estreia.

Treinos físicos durante a longa viagem de navio até a Itália.
(© Leonidas Collection / FIFA MUSEUM)

Dizem que o técnico, de direito, era Vinhaes, mas quem mandava, de fato, era Carlito. O dirigente só não teria podido assumir o cargo porque também atuaria como juiz no Mundial e, por questões éticas, A FIFA não permitia esse acúmulo de funções.

Independente de quem passou as instruções para os jogadores, a realidade é que nossa seleção não teve a menor chance contra a Espanha.

Pouco inspirado e sem a mobilidade de costume, não fomos páreo para os adversários. Com apenas 30 minutos de jogo, Iraragorri já tinha balançado duas vezes as nossas redes. Ainda tivemos chance de diminuir através de um pênalti, mas Waldemar de Brito parou no goleiro Zamora. O desânimo tomou conta de nosso time, quando cedeu mais um gol ainda na primeira etapa. Langara ampliou. De nada serviu o gol de honra, marcado por Leônidas da Silva, o Diamante Negro. Estávamos eliminados da competição.

Jogadores brasileiros e espanhóis posam juntos para fotos antes da partida de estreia. (© Pozzo Collection / FIFA MUSEUM)

Assim que o resultado do jogo chegou ao Brasil através de telegramas das agências de notícias, torcedores foram para as ruas protestar. Em São Paulo, muitos atribuíam o mau resultado ao boicote dos clubes de lá. A sede do Palestra Italia, na Praça do Patriarca, só não foi depredada porque a polícia chegou a tempo e dispersou os manifestantes.

Patesko vê a bola chutada por Leônidas superar o goleiro Ricardo Zamora. (© Leonidas Collection / FIFA MUSEUM)

Como a Copa acabou antes do previsto e os contratos com os convocados ainda estavam em vigor, nosso selecionado fez diversos amistosos antes de voltar para casa. No primeiro deles, uma derrota acachapante de 8x4 para a Iugoslávia. Depois nos recuperamos. Empatamos com o Gradjanski, da Iugoslávia, com um selecionado da cidade de Girona, na Espanha e com o Porto, de Portugal. Derrotamos o Barcelona, na Catalunha, um combinado português e o time do Sporting, em Lisboa. Enfim, uma convincente vitória: 6x1.

No retorno ao país, a Seleção ainda excursionou pelo Nordeste e, entre os meses de setembro e outubro, fez amistosos contra equipes baianas e pernambucanas. A turma de Carlito Rocha e Vinhaes derrotou Galícia, Ypiranga, Vitória, Bahia e a seleção baiana. Em Pernambuco, as vítimas foram Sport, Santa Cruz e Náutico, além da seleção pernambucana, derrotada por 5x3, em sete de outubro de 1934. Os jogos serviram para a CBD recuperar parte do dinheiro aplicado para pagar os "legionários" brasileiros que abandonaram seus clubes para irem à Itália.

O Botafogo, por sua fidelidade à CBD, acabou sendo beneficiado. Leônidas da Silva e Patesko reforçaram o time de General Severiano. Em relação a Leônidas, o maior craque brasileiro da época, um fato curioso. O presidente do clube, Paulo Azeredo chegou a se opor à contratação.

De acordo com Mário Filho, em seu livro *O Negro no Futebol Brasileiro,* Azeredo tinha muitas restrições à presença de negros no time e já aceitava, a contragosto, Waldemar de Brito no elenco. Dois negros no Botafogo, para ele, era demais. Só que a lábia de Carlito foi mais forte que o preconceito do presidente e o Diamante Negro foi jogar no Botafogo.

Carlito, de acordo com Mário Filho, não se incomodava nem um pouco com essa história de preconceito de cor: "Para Carlito Rocha quem vestisse a camisa do Botafogo, quem ajudasse o Botafogo a vencer, era como um filho, com todos os direitos. Nas festas do Botafogo os jogadores podiam comparecer, dançar, feito qualquer sócio proprietário ou contribuinte". Leônidas atuou com a camisa alvinegra em 38 partidas, fez 22 gols e ajudou o clube a conquistar o título de 1935, o do tetracampeonato carioca.

Leônidas e Carvalho Leite ajudariam a dar o inédito tetracampeonato carioca ao Botafogo.

Após a experiência com jogadores que tinham aderido ao profissionalismo, Carlito passou a ver a questão com outros olhos, mas sempre defendendo a ligação sentimental entre atleta e clube, como explicou em uma entrevista: "O verdadeiro profissionalismo não afasta a ideia clubística. O torcedor não quer saber se o craque ganha isso ou aquilo. Quer é ter certeza de que o elemento está integrado de corpo e alma ao pavilhão que o abriga. Se comunga das ideias esportivas que constituem um clube, uma entidade ou a representação de um país... Um *footballer* precisa estar submetido a três preparos, de onde lhe advém três estados, o atlético, o técnico e o sentimental ou espiritual... Este último, para mim, é o mais importante. Sem ele o *footballer* não é completo. Só o conquista o elemento que se ambienta a um clube defendendo suas cores, com alma, com coração, com sentimento... Bem remunerado e bem tratado, sentindo-se como se estivesse em sua casa, ele consegue tal estado".

O Mundial de 1934 não foi a única participação de Carlito Rocha no comando da Seleção Brasileira. Cinco anos depois foi convidado às pressas para dirigir o selecionado. Tudo por causa da goleada histórica sofrida para a Argentina por 5x1, em pleno estádio de São Januário. Foi na primeira partida pela disputa da Copa Roca de 39 (esta taça foi disputada entre os dois países em dez ocasiões, de 1914 a 1976; recentemente os confrontos entre Brasil e Argentina voltaram a ser realizados, só que com o nome de Super Desafio das Américas). A revanche seria no domingo seguinte e era preciso dar o troco.

A derrota, ainda mais daquela maneira vexatória pegou a torcida brasileira de surpresa. Depois do fiasco na Copa de 1934, tínhamos ido bem no Mundial de 1938, ficando com a terceira colocação. A goleada portenha era inexplicável. Boa parte do selecionado que havia brilhado na França estava em campo: Batatais, Domingos da Guia, Martim Silveira, Zezé Procópio, Leônidas da Silva, Romeu, Hércules... O estádio do Vasco estava lotado e, a cada gol argentino, a revolta aumentava. Ao final da partida, de nada serviram as grades que separavam a arquibancada do gramado. O campo foi invadido e garrafas cruzaram o ar.

De acordo com o jornalista Geraldo Romualdo da Silva, que lá estava, "Nunca se bateu e apanhou tanto dentro de um campo de futebol... A multidão pedia a cabeça de todos, a começar, naturalmente, pela Comissão Técnica".

Uma goleada doída imposta pelos vizinhos argentinos.
(Reprodução: Jornal dos Sports)

Se a voz do povo é a voz de Deus, a CBD resolveu agir rápido e substituiu Carlos Nascimento. Carlito Rocha chegou com um discurso confiante e ufanista para resgatar a autoestima do time e da torcida: "Eu confio cegamente na fibra de nossos jogadores que estão se preparando cuidadosamente para a grande peleja de domingo. Não tenho a menor dúvida de que o desejo unânime dos brasileiros vai se tornar realidade. A tarde do próximo domingo será memorável. Uma reabilitação capaz de apagar a impressão deixada pelo escore do primeiro jogo... E não quero perder a oportunidade de fazer um apelo ao público, a fim de que apoie os jogadores, pois não se trata de meu nome, nem de qualquer clube e sim da bandeira do país que nos serviu de berço e cujo solo nos dá o pão de cada dia".

Uma nova convocação foi feita. Não havia tempo a perder. Foram realizados três treinos físicos em General Severiano e dois coletivos em

São Januário. Alguns jogadores foram mantidos, mas houve mudanças em seis posições.

Carlito foi chamado para levantar o moral da Seleção.

A imprensa exigia uma revanche depois da goleada argentina.

Quando a revanche começou, a desconfiança por parte da torcida era visível. O comportamento era bem mais tímido do que na partida anterior, mas só até os 20 minutos do primeiro tempo, quando Leônidas colocou a bola no canto direito da meta argentina, sem chances para o goleiro Guaico. Nem o empate, minutos depois, num chute de Rudolfi, que desviou na zaga, desanimou a plateia. E a razão era simples. O time jogava com um empenho fora do comum, de forma muito diferente da semana anterior. Pressionávamos sem parar. Mas, quando parecia que o segundo gol era só uma questão de tempo, foram os argentinos que marcaram, através de um chute cruzado de Garcia.

Na segunda etapa, a pressão brasileira se manteve. Carlito Rocha andava de um lado para o outro, não parava de gritar orientações. O domínio era tão grande que os adversários começaram a apelar para faltas mais duras. O clima quase esquentou. Empurra daqui, xinga dali. Por pouco o caldo não entornou.

Aos 32 minutos, o gol de empate. Carreiro avançou com a bola, foi ao fundo e centrou. Adilson surgiu por trás da defesa e acertou uma bela cabeçada. O delírio nas arquibancadas só não foi maior do que 4 minutos depois, quando o juiz Carlos de Oliveira Monteiro, o popular Tijolo, marcou um pênalti a favor do Brasil. Segundo ele, Montañez teria colocado a mão na bola dentro da área. Os argentinos, inconformados, partiram para cima do árbitro, que acabou sendo agredido. A polícia teve que intervir.

O que aconteceu, a seguir, foi uma das situações mais inusitadas da história do futebol brasileiro. Por ordem da Comissão Técnica argentina, nossos adversários deixaram o campo. Se recusaram a continuar a partida em protesto à penalidade que, segundo eles, não havia existido. Depois de alguns minutos de incerteza, Tijolo pegou a bola e a posicionou na marca do pênalti. Os brasileiros, meio sem saberem o que fazer, olharam para Carlito. Ele tirou o chapéu, coçou a cabeça e decidiu: Perácio faria a cobrança.

Ele ajeitou a bola e nem tomou distância. Provavelmente nunca houve um silêncio como aquele em São Januário. Quase dava para ouvir a oração de Carlito em voz alta: “Minha Nossa Senhora, não deixe que ele chute essa bola pra fora”. Perácio chutou de leve e a bola rolou mansamente em direção ao meio do gol. Era a vitória brasileira. Uma revanche histórica, como previra Carlito Rocha, só que nem ele mesmo poderia prever tanta emoção.

O *scratch* da revanche: Thadeu; Domingos da Guia; Perácio; Brandão; Zezé Procópio; Florindo; Carrero; Romeu Pellicciari; Leônidas da Silva; Afonsinho e Adílson.

Depois de dois Mundiais cancelados, com a Copa programada para acontecer em nossa casa, o nome de Carlos Martins da Rocha foi cogitado, mais uma vez, para dirigir o escrete, porém o escolhido, no final das contas acabou sendo Flávio Costa, treinador do poderoso Vasco da Gama que, por sinal, foi a base da seleção de 1950.

O resultado daquela Copa todos conhecem e é impossível saber se o resultado seria outro caso Carlito tivesse sido o treinador. Mas uma coisa é certa, Nilton Santos não teria sido reserva e se ele estivesse em campo, Ghiggia não teria aquela liberdade toda para entrar pela ponta direita e fuzilar a meta de Barbosa...

Dom Quixote

A missão de transformar o esporte brasileiro em um dos melhores do mundo, promovendo a imagem do país e, mais do que tudo, desenvolvendo os valores e o caráter de nosso povo, era levada muito a sério por Carlito Rocha. Talvez viesse daí o que muitos chamavam de intransigência. A tarefa que ele mesmo se incumbiu de cumprir era pesada, com muitos e poderosos obstáculos, mas o dirigente nunca foi de correr de uma briga; pelo contrário, dava uma boiada para não sair dela.

A introdução acima é necessária para explicar a decisão tomada por Carlito Rocha de se candidatar à presidência da CBD (Confederação Brasileira de Desportos) em 1958. A sigla ficou famosa por estar estampada no escudo das camisas das seleções que conquistaram os três primeiros títulos mundiais (58/62/70), mas naquela época a entidade não cuidava apenas do futebol e sim de todas as modalidades esportivas brasileiras.

A insatisfação de algumas Federações, principalmente do Sul (Paraná, Santa Catarina e Rio Grande do Sul) fez com que surgisse um movimento de oposição ao grupo que comandava o esporte nacional. A passagem de bastão de Sylvio Correa Pacheco, eleito em 1955, para João Havelange seria quase que um trâmite formal. E, se nada fosse feito, o mesmo grupo político se manteria no poder.

Faltava pouco menos de duas semanas para a votação quando surgiu a ideia de lançar o nome de Carlito Rocha como candidato de oposição, tendo Dirceu Guimarães como vice. Mesmo sabendo que se tratava de uma tarefa inglória, Carlito não pestanejou e aceitou a empreitada.

Não eram muito amistosas as relações entre Carlito Rocha e João Havelange, que na verdade se chamava Jean-Marie Faustin Goedefroid Havelange. Tal e qual o botafoguense, Havelange também tinha sido atleta, se destacando na natação e no polo aquático, pelo Fluminense. Chegou a participar dos Jogos Olímpicos de Berlim (1936) e Helsinki (1952).

Nunca foram adversários nas piscinas pelo simples fato de Carlito ser 20 anos mais velho, porém os santos dos dois nunca se cruzaram. Rocha chegou a ser cliente e amigo do joalheiro Faustin, pai de Havelange, mas o filho nunca caiu em suas graças. Depois que virou dirigente, então... Vivia desmerecendo Carlito para quem quisesse ouvir, tratava-o como um velho decrépito, embora o opositor tivesse apenas 64 anos. Já o alvinegro via em Havelange um símbolo do continuísmo e da sede de poder através do esporte. E, se levarmos em conta que ele ficou 27 anos à frente da CBD e mais 23 anos no comando da FIFA, Carlito Rocha não estava tão errado assim.

CARLITO ROCHA, CANDIDATO À PRESIDÊNCIA DA C. B. D.:

"COM AJUDA DE DEUS, TRAREI A COPA do MUNDO PARA O BRASIL"

Planos do Veterano Desportista: Reorganização do Profissionalismo e Desenvolvimento Total do Amadorismo — Rebaixar Taxas e Impostos em Todo o Território Nacional — "Serei o Juscelino da CBD..." — Agradecimento Aos Catarinenses — A Medicina Esportiva Supera Qualquer Assunto Técnico — O Grande Candidato Expõe Sua "Plataforma" — Conferência, Antes Das Eleições, Com Tôdas as Federações Filiadas — (Reportagem de GERALDO ESCOBAR — Fotos de DEMÓCRITO BEZERRA)

Êste é um verdadeiro desportista. Possui títulos que nenhum outro desportista tem. Abnegado, grande realizador e competente, êle conduz, como grande benemérita dos desportos, o pavilhão nacional.

Ultima Hora

PREÇO DO EXEMPLAR (2) CRUZEIROS

Mesmo com chances mínimas, Carlito encarou a eleição.
(Reprodução: Última Hora)

Durante a campanha, o dirigente botafoguense batia forte em Havelange, dizendo que ele não entendia nada de futebol e que o Brasil precisava de alguém capaz de nos levar ao título mundial daquele ano. Além disso, também criticava os chamados "favores eleitorais" concedidos a dirigentes de todo o país, como o perdão de dívidas, viagens, hospedagens e churrascos; tudo às custas da CBD.

Ao ser entrevistado sobre a surpreendente candidatura de Carlito, Havelange tentou ser diplomático: "O fato me alegrou, pois o esporte tem em Carlito um de seus campeões mais sinceros. Tanto que, se a vitória lhe pertencer, somente parabéns teremos que lhe dar, já que capacidade não lhe falta para o posto". Nos bastidores, porém, o clima não era tão ameno. O candidato da situação não tinha gostado nada daquela insurreição sulista e, muito menos, de Carlito ter aceitado levantar aquela bandeira. Não estava, contudo, temeroso, nem havia motivo para isso; tinha costurado as alianças necessárias para a vitória e a quem o perguntava sobre a disputa, respondia de imediato: "Não vai ter a menor graça".

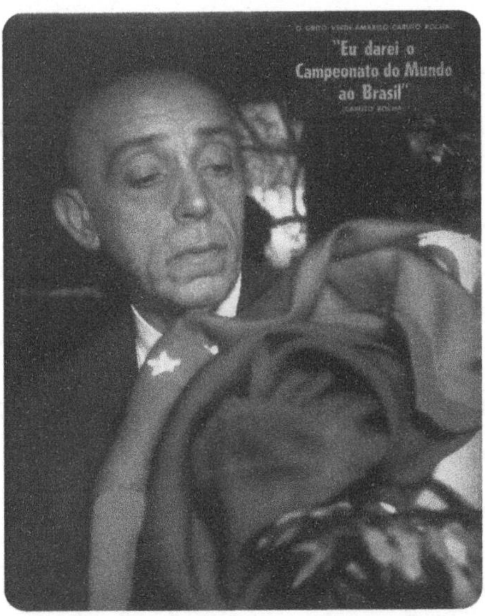

Carlito usava a Copa de 58 como principal mote da campanha.
(Reprodução: O Cruzeiro)

O tempo corria contra Carlito. Na tentativa de ressuscitar uma candidatura que já tinha nascido morta, dava entrevistas aos borbotões, além de conversar com as diversas Federações para tentar convencê-las a mudar de lado. Bom de lábia, logo se autoproclamou como o "JK da CBD" (uma alusão ao popular presidente Juscelino Kubitscheck).

"Nossa plataforma é simples, objetiva e decisiva: amparar e apoiar todos os esportes e todas as Federações. Com métodos eficientes e, inclusive, planos financeiros. Olharemos todas as Federações, reconhecendo seus problemas e suas maiores dificuldades, atendendo-as imediatamente. Iremos ao máximo de estados, se formos eleitos, para solucionar todos os casos, por mais complexos que sejam. Correrei o Brasil inteiro, de ponta a ponta, acompanhando o drama das filiadas... O Brasil é grande, não pode ser comandado apenas da Capital Federal."

A turma da conciliação tentou propor uma fusão de chapas que deixaria Havelange no comando dos esportes amadores e Rocha à frente do Futebol. Mas, como a situação sabia que não corria qualquer risco de derrota, descartou a hipótese.

No dia da eleição, poucos incidentes. O mais sério se deu quando Carlito Rocha pediu a palavra e Sílvio Pacheco, que presidia os trabalhos, negou alegando que só presidentes de Federações poderiam se manifestar. Houve protestos, mas Pacheco não voltou atrás. O que mais irritou o dirigente do Botafogo foram as ironias feitas por jovens delegados tentando ridicularizá-lo; um desrespeito a toda sua história em prol do esporte brasileiro. Carlito, no entanto, não recuou e retrucou em alto e bom som: "Falo sim, porque sou um desportista com 64 anos de idade e benemérito dessa casa e fiz, aqui, bem mais que Vossa Excelência (se referindo a Pacheco). Eu não quero cargos; eu quero é expulsar os vendilhões do Templo, que é a CBD."

O resultado das urnas comprovou o que se esperava: João Havelange teve 185 votos, Carlito Rocha, 19, e seis votos em branco. O candidato vencedor acompanhou a vitória pelo rádio, em casa, ao lado de aliados.

Fotomontagem sobre a "goleada" sofrida pela chapa de Carlito. (Reprodução: Última Hora)

A vitória foi tranquila em relação aos números, mas a discussão com Carlito ficou atravessada na garganta de Sílvio Pacheco. O velho dirigente o havia chamado de "amador marrom", uma ofensa e tanto para qualquer atleta. Segundo Carlito, Pacheco receberia dinheiro para ocupar o cargo e ainda por cima teria comprado votos para garantir a vitória. Dias depois, por acaso ou não, os dois se encontraram em plena Avenida Rio Branco, no Centro. As versões para o que se sucedeu divergem de acordo com cada uma das partes envolvidas. Segundo Pacheco, tudo começou quando ele pediu que Carlito reafirmasse as acusações. Logo depois, partiram para ofensas e agressões. O dirigente da CBD teria acertado um soco no rosto do adversário, deixando-o caído no chão. De acordo com o relato de Carlito Rocha, ele foi abordado de forma covarde por Sílvio Pacheco que chegou de surpresa e desferiu um soco em seu olho esquerdo. E quando se levantou para reagir, teria levado uma rasteira de Abrahim Tebet, conselheiro da CBD, que acompanhava Pacheco. Ainda de acordo com Rocha, os dois teriam fugido correndo, sendo perseguidos por algumas pessoas revoltadas com a covardia.

A eleição correu em clima de tensão e acabou rendendo uma agressão a Carlito.

Carlito foi medicado e prestou queixa no Sétimo Distrito Policial. No exame de corpo de delito foi constatado que o corte no supercílio do dirigente do Botafogo fora profundo e provocado por algum tipo de objeto contundente, como um "soco inglês", por exemplo. O dirigente entrou na Justiça contra Pacheco, que foi condenado a pagar uma multa irrisória de 200 cruzeiros (um exemplar do jornal Última Hora era vendido, na época, por 2 cruzeiros). Mesmo assim o valor nunca foi pago. O trâmite do processo foi tão lento que, quatro anos depois, acabou prescrevendo.

Se não deu nada em termos jurídicos, a briga, pelo menos, serviu de motivo de chacota no Carnaval daquele ano. No desfile das Grandes Sociedades, os Fenianos trouxeram uma alegoria crítica com o título "Diplomacia nos Sports", uma alusão ao confronto entre os dois dirigentes.

Os cartolas que se entronavam nas entidades esportivas tinham em Carlito um adversário ferrenho. Que o diga Vargas Neto, sobrinho de Getúlio Vargas, que comandou a Federação Metropolitana do Rio durante 11 anos.

Rocha não tinha papas na língua quando criticava esses senhores. E não adiantava querer paparicá-lo para tentar aliviar a barra. Um exemplo foi concessão do título de benemérito que a Federação Metropolitana de Futebol ofereceu ao dirigente alvinegro. Ele simplesmente recusou a homenagem. E, em uma carta pública, afirmou que não poderia receber tal título do presidente Antônio do Passo, o "chefão" da FMF, já que o mesmo vivia fazendo duras críticas ao Botafogo. A recusa estampou a capa do Boletim Informativo do clube e ganhou o título: "Desassombrada Atitude". Falar mal do Botafogo era o mesmo que falar mal de sua família e, isso, Carlito não permitia que ninguém fizesse.

BOTAFOGO!

«BOLETIM INFORMATIVO» DO BOTAFOGO DE FUTEBOL E REGATAS

ANO XII Nº 130	TRABALHO DO DEPARTAMENTO DE PROPAGANDA CR$ 5,00	SETEMBRO — 1957

Desassombrada Atitude

Ecoou esplendidamente no BOTAFOGO DE FUTEBOL E REGATAS a desassombrada atitude de seu Grande Benemérito Carlos Martins da Rocha enviando a, já agora histórica carta, abaixo transcrita, ao senhor do Passo:

A decisão de Carlito orgulhou o clube.
(Acervo: BFR)

Carlos Martins da Rocha também participou de duas outras eleições, só que para o cargo de Deputado Federal. Em 1945, sua candidatura teve ótima repercussão. O lançamento da campanha aconteceu em uma grande festa no Arsenal de Marinha. Naquele difícil momento do pós-Guerra, Carlito optou por um discurso de entrega patriótica: "Nunca fui político nem aspirei jamais qualquer posição na política nacional, se bem que as boas qualidades para o perfeito exercício dessa atividade, como a compreendo, isto é, devoção integral à nossa estremecida pátria, operosidade honesta, afabilidade no trato, humanidade e constante desejo de ser útil a tudo e a todos sejam naturais em meu coração, permanentes em meu pensamento e incessantes em minhas ações". Ficou em quarto lugar, mas o partido só teve direito a três vagas.

Festa de lançamento da campanha em 1945.
(Reprodução: A Manhã)

Charge com os nomes do esporte que tentaram a sorte nas urnas.

Em 1958, foi convidado a concorrer a uma vaga na Câmara, só que dessa vez pelo PSP de Adhemar de Barros, mas novamente não se elegeu. Porém, foi nessa campanha que aconteceu um fato pra lá de inusitado.

Naquele tempo a votação era bem diferente dos dias de hoje, se usava cédulas de papel, nas quais o eleitor escrevia o nome do candidato para cada cargo. Esses votos iam para urnas de lona que depois eram levadas para um centro de apuração. Os candidatos ficavam por lá, aguardando boletins parciais e verificando se o processo estava nos conformes.

Carlito acompanhou de perto a contagem dos votos.

Carlito e mais alguns candidatos conversavam, quando o velho dirigente viu um sujeito que, de longe, acenava para ele. Rocha não o reconhecera, mas como insistia em chamá-lo, seguiu até onde o homem se encontrava. A figura aparentava uns trinta e poucos anos e vestia um paletó dois números maior. Era dentuço e tinha uma voz anasalada. Se apresentou apenas como Paschoal, disse que era botafoguense e um grande admirador de Carlito.

Quando o dirigente perguntou o que ele queria, o tal do Paschoal chegou perto dele e, com voz baixa disse que poderia garantir a eleição de Carlito. Tinha providenciado três urnas com cédulas falsas que garantiriam o número de votos necessários para que ele se tornasse Deputado Federal. Rocha quis saber mais e o sujeito lhe disse que faria a troca das urnas quando um comparsa desligasse as luzes do local. O valor, de acordo com o meliante, era uma pechincha: um milhão de cruzeiros (o preço de um carro de luxo, na época). Carlito, também em voz baixa, virou-se para o fraudador e disse: "Vamos resolver essa questão agora". Colocou a mão dentro do paletó, mas ao invés de pegar a carteira, sacou um revólver. O sujeito ficou branco como cera. Carlito deu dois tiros pro alto e gritou: "Corre seu sacripanta dos infernos ou te passo chumbo". Em meio à gritaria e o pânico gerado pelos disparos, o homem se escafedeu por uma porta próxima. Carlito chegou a receber voz de prisão, mas ao explicar o que havia ocorrido, acabou sendo liberado.

Se há algo que podemos afirmar é que Carlos Martins da Rocha era um defensor ferrenho de suas certezas e princípios. Não foram poucas as polêmicas que abraçou como verdadeiros "cavalos-de-batalha". Se achava que estava com a razão não media esforços, nem adversários; engajava-se de corpo inteiro.

Foi assim na questão da implementação do profissionalismo no futebol brasileiro. No começo dos anos 1930 a bola já tinha conquistado o coração dos brasileiros e o público, mesmo nos mais acanhados estádios, não parava de crescer. No Rio de Janeiro o Torneio Municipal ganhava importância e conquistá-lo era o desejo de todos os clubes. O futebol não era mais o esporte de elite disputado por jovens de famílias abastadas. Surgiam jogadores de origem humilde; alguns deles bem talentosos. Só que esses rapazes não tinham condições de trabalhar para garantir o sustento do mês e ainda se dedicarem a seus clubes. O jeito era remunerá-los de alguma forma, mesmo que isso fosse proibido.

Quando os primeiros debates sobre a necessidade de profissionalizar o futebol aconteceram, em 1932, a prática de pagar salários a jogadores já era bem comum. Os defensores da mudança fundaram a Liga Carioca, mas Botafogo, Flamengo e São Cristóvão decidiram permanecer amadores. Só que nem bem o campeonato da AMEA havia começado, os dois últimos largaram o torneio e também se profissionalizaram. A rusga fez o Botafogo ameaçar, até mesmo, acabar com seu time de futebol. Em uma nota oficial o clube mostrou toda sua indignação: "Como Sociedade Civil não deve, não pode e não quer o Botafogo F.C. subverter os seus fins altruísticos quando só para esses o poder público lhe concede isenções tributárias e a população o assiste desde a fundação com suas simpatias e os seus aplausos... Para promover a cultura em geral e, especialmente, a educação física da mocidade carioca foi fundado, viveu 28 anos e viverá das próprias forças para a exclusividade de seu idealismo".

O Botafogo, em boa parte influenciado pela posição de Carlito Rocha, se mantinha fiel ao amadorismo e passou a disputar partidas com equipes de menor expressão. Essa teimosia travestida de posicionamento ético e idealista levou a uma situação financeira gravíssima e por muito pouco o clube não teve que fechar as portas. A razão só falou mais alto em 1937, quando os quatro grandes do Rio voltaram a disputar o mesmo campeonato.

Outra "cruzada" de Carlito Rocha se deu na ocasião em que a TV, recém-implantada no Brasil passou a ter interesse em transmitir jogos de futebol, porém, numa reunião entre a TV Tupi e os clubes cariocas, as divergências ficaram claras. Enquanto Flamengo e Bangu aceitavam o valor de seis mil cruzeiros por partida, os demais se mantinham em dúvida sobre os efeitos que o televisionamento poderia provocar na afluência de público aos estádios. A principal voz do grupo era a de Carlito Rocha. O dirigente botafoguense, desde o primeiro momento se opôs à ideia. Com sua dramaticidade de costume, profetizava que "Os prejuízos seriam fatais para qualquer time". Negou-se a participar da negociação e ainda avisou: "Não adianta tentarem aparecer em General Severiano. Não serão recebidos".

Como era de se esperar, as declarações de Carlito incendiaram o noticiário. Em uma entrevista para a *Gazeta de Notícias* buscou se explicar: "A descoberta da TV é maravilhosa. Eu mesmo fiquei encantado com a perfeição e quase não senti saudades do contato direto com o campo de futebol. Mas, certamente a TV trará prejuízos para os clubes. Não teremos mais rendas elevadas. O telefan (sic) há de preferir ver os jogos comodamente em casa ao invés de enfrentar o calor das arquibancadas ensolaradas". Carlito Rocha chegou a sugerir que a TV filmasse os jogos e os transmitisse depois (nesse caso específico, se levarmos em conta que até hoje essa questão do televisionamento e do repasse aos clubes gera polêmicas, a postura cautelosa de Carlito não deve ser vista como uma mera teimosia).

Anúncio de aparelho de TV de 1951. O futebol era um grande apelo de vendas.

Várias reportagens foram feitas ouvindo a opinião de outras pessoas ligadas ao futebol, levantando os prós e contras da questão. Mas coube à revista *O Cruzeiro*, que pertencia aos Diários Associados, grupo que também era o dono da TV Tupi, a tarefa de bater mais forte em Carlito. O título da reportagem era: "Conspiração Carlito". O texto, além de diversos adjetivos pejorativos ao dirigente alvinegro, fazia insinuações de que estaria tramando um golpe contra os meios de Comunicação visando lucros futuros. A revista afirmava que o povo brasileiro deveria se orgulhar do fato do país ser o primeiro país a implantar a televisão na América Latina e que só buscava o bem do nosso futebol: "o Rádio e a Televisão só têm servido como veículo de propaganda e divulgação do futebol brasileiro que no momento atinge uma situação inegável e imensa popularidade". Se Carlito Rocha era o principal entrave ao projeto de transmissão das partidas, deveria ser combatido. Duramente combatido, aliás, como era o estilo do dono dos Diários Associados, Assis Chateaubriand. As armas não importavam, o fundamental era derrotar o opositor.

Nos Diários Associados, a ordem era "bater" em Carlito.
(Reprodução: O Cruzeiro)

Sérgio Alegria era um dos funcionários mais queridos do Botafogo. E pelo apelido já dá para entender a razão. Extremamente simpático e prestativo, era um tipo de faz-tudo. Apesar de ter sido contratado pelo Departamento de Futebol, não era raro vê-lo ajudando o pessoal do Remo na sede da Lagoa. Na primeira vez em que pôs os pés em General Severiano, tinha 18 anos, agora estava prestes a completar 30. Tinha dois filhos, Nilton e Carlos, batizados, respectivamente, por Nilton Santos e Carlito Rocha.

Uma semana após o episódio da recusa do Botafogo em aceitar a transmissão de seus jogos pela TV, Carlito passou por Alegria ao entrar no salão principal do palacete da Avenida Venceslau Brás. O funcionário estava com o braço direito engessado e cara de poucos amigos; seguiu porta afora sem ao menos cumprimentar o dirigente. Rocha estranhou, mas logo foi abordado por um jornalista e acabou esquecendo o fato. Depois do almoço, no entanto, voltou a lembrar da cena. Recordou que há dias não via o compadre. O gesso no braço devia ser a explicação para o sumiço, mas e o comportamento dele naquela manhã? Provavelmente estava com algum problema sério.

Após o treinamento da tarde, Carlito saiu em busca de Sérgio. Foi encontrá-lo debaixo de uma das arquibancadas tentando, com um braço só, guardar as bolas em um saco de lona. Ao ver o cartola alvinegro, Alegria corou, envergonhado.

– Quer ajuda, Sérgio?

– Não precisa, Seu Carlito. Eu consigo me virar.

– Mas está tudo bem? Hoje de manhã você estava com cara de enfezado?

– Não se incomode não, Seu Carlito, estou com um probleminha lá em casa. Só isso.

– Mas é para isso que servem os compadres. Posso ajudar de alguma forma?

– Poder até que o senhor poderia, mas sei que não vai querer.

– Como assim??? Por que é que eu não o ajudaria?

– Olha, Seu Carlito, já que o senhor perguntou, é melhor eu falar de uma vez.

– Acho bom. Acho bom.

– Mês passado eu ganhei uma graninha no Jogo do Bicho. Joguei na centena do tigre e o danado deu na cabeça.

– E desde quando isso é problema?

– É que convenci a Das Dores, minha esposa, a comprar um aparelho de televisão. Ela não queria de jeito nenhum e o senhor sabe como ela é teimosa. Mas fiquei falando que ela ia poder ver os artistas, os cantores e ainda por cima ia ser a dona da única televisão da vila em que a gente mora. Mas é claro que o motivo maior dessa minha empolgação era poder ver os jogos de futebol no sofá lá de casa. Aí o senhor fala pros jornais que justamente os jogos do nosso Botafogo não vão passar na TV... O aparelho custou uma nota, Seu Carlito. O dinheiro que o tigre me trouxe foi todinho. E pra piorar ainda quebrei o braço quando instalava a antena no telhado. Escorreguei e caí lá de cima. Por muito pouco o senhor não perdeu o amigo aqui.

Meio sem jeito com aquele diálogo, Carlito tratou de inventar um compromisso para escapar daquela "saia justa".

Algum tempo depois, o Botafogo voltou a se reunir com a direção da Tupi e com a Federação e fecharam um acordo. Se a reclamação do compadre Sérgio Alegria teve alguma influência nessa reviravolta, jamais iremos saber.

Para defender o Botafogo, podia até fazer cara feia, mas tinha um bom coração.

Ano novo, vida nova

Mais um ano havia chegado ao fim e o Botafogo, novamente, tinha ficado com o gosto amargo do vice-campeonato. Fora assim, também, em 44, 45 e 46. Algo precisava mudar. E as eleições para a direção do clube tinham que ser o ponto de partida.

Os nomes de Carlito Rocha e de Ibsen de Rossi foram ventilados para a sucessão de Adhemar Bebiano. Rocha, a princípio, era contra a eleição ter mais de uma candidatura, acreditava que a hora era de união total. Mesmo assim acabou sendo convencido a participar. A votação aconteceu no dia 12 de dezembro de 1947. Carlito recebeu 100 votos e Ibsen, apenas 5; houve, ainda, 5 votos em branco.

Carlito Rocha Presidente Do Botafogo

Pronunciará Importante Discurso — Economia E Levantamento De Todos Os Esportes Amadores — A Posse Será No Próximo Dia 2

Notícia da eleição de Carlos Martins da Rocha.
(Reprodução: Jornal dos Sports)

No discurso de posse, defendeu uma gestão responsável: "Um clube das tradições do Botafogo tem o dever iniludível de promover, difundir e incentivar a prática de todos os desportos, principalmente aqueles que deram origem à sua fundação... O futebol profissional é, indiscutivelmente, o que maior entusiasmo e interesse desperta entre o público e os associados. É o gerador de grandes paixões, por vezes excessivas e, por isso mesmo, obriga a vultosíssimas despesas com a conquista de grandes jogadores, tornando-se assim o que mais atenta contra a economia dos clubes. É preciso, portanto que pensemos com a maior serenidade antes de engajarmos o nosso clube em compromissos que poderão ser, não digo fatais, mas comprometedores por conta das altas somas despendidas... Enquanto não se resolver explorar o futebol espetáculo, como na Inglaterra, os clubes terão que viver rigorosamente dentro de suas receitas. É o que pretendemos cumprir, por ser essa a base de toda a prosperidade e independência de qualquer sociedade. O equilíbrio orçamentário será, pois, nosso maior objetivo".

Na festa da posse, o compositor e locutor esportivo Ary Barroso exaltou Carlito e disse confiar no bom desempenho do clube dali pra frente. Ao final, porém, fez uma ressalva: "Todos esses desejos de sucesso, no entanto, durarão somente até o jogo contra o Flamengo, naquela semana todos os meus augúrios serão cancelados". E soltou uma gostosa gargalhada.

A vitória de Carlito Rocha foi bem recebida pela imprensa. "Veterano e incansável lutador pelas causas do alvinegro, Carlito Rocha está ligado à história do Botafogo em todas as suas fases", afirmava o jornal *A Noite*. A revista *Sport Ilustrado* fez uma grande reportagem prevendo o sucesso da nova administração. O jornalista Mauro Pinheiro pedia a união acima de tudo: "Não estaremos errados se dissermos que o Botafogo do corrente ano, com Carlito Rocha na sua direção, dá um passo seguro para os ensinamentos futuros. Sua obra – desde que seja amparada como deve ser – deixará réstias de luz, de luz duradoura e altamente clara, guiando os passos da posteridade, dos botafoguenses das gerações vindouras... Mesmo os que se tornaram opostos às ideias de Carlito, aos seus conceitos, devem ajudá-lo... Colaborem com esse homem honesto e bem intencionado que representa para o Botafogo um símbolo de sua história".

Antes mesmo de assumir, Carlito já tinha se aboletado numa das salas da diretoria em busca de um retrato fiel da situação administrativa do clube. De 1939 até 1948, 11 técnicos e 20 atacantes tinham sido contratados na esperança de conseguir um título. Uma situação que precisava mudar.

Antes mesmo de pensar em reforços para a nova temporada, o presidente eleito já tinha um grande problema para resolver: a finalização da iluminação do estádio de General Severiano. A experiência como industrial ajudou nas negociações, assim, o clube e a Empresa Brasileira de Engenharia conseguiram fechar um acordo.

O primeiro encontro do novo presidente com o elenco aconteceu no dia seis de janeiro. Rocha fez questão de tranquilizar a todos dizendo que não haveria dispensas em massa. A reunião aconteceu na sede social do clube e teve a presença do uruguaio Ondino Viera, que comandara o time no ano anterior. Primeiro e último encontro entre os dois. No dia seguinte, Ondino foi às Laranjeiras e acertou seu contrato com o Fluminense. Zezé Moreira, que ocupava a função de preparador físico, passou a ser o treinador alvinegro.

Além do técnico, também houve outras dispensas. Os jogadores Ponce de Leon e Santo Cristo se transferiram para o São Paulo, Calvete seguiu para o Rio Grande do Sul e o ponteiro Teixeirinha voltou para Santa Catarina. Em termos de contratações, a mais significativa foi a do atacante veterano Sylvio Pirillo.

Os flamenguistas diziam que Pirillo não era mais o mesmo jogador que havia sido tricampeão pelo Flamengo (1942/43/44); diziam que era lerdo, apático e sem energia. Uma transferência dele para o Olaria chegou a ser cogitada. Em meados de fevereiro, porém, veio a notícia que surpreendeu a todos: o atacante iria para General Severiano. O Flamengo recebeu 35 mil cruzeiros pelo passe (ou 35 contos, como ainda se dizia na época) e o jogador, 25 mil cruzeiros de luvas pelo contrato de um ano. E, logo na estreia, um amistoso contra o América Mineiro, em Belo Horizonte, o artilheiro mostrou a quem duvidava da importância de sua contratação que ainda tinha muito a oferecer. Marcou um gol de bicicleta.

Pirillo e Zezé Moreira, novidades de 1948.
(Acervo: Sport Ilustrado)

No começo do ano, amistosos e excursões eram muito comuns. No fim de março o time seguiu para a Bolívia e, apesar da altitude, venceu duas partidas e empatou uma. As consistentes atuações de um jovem defensor que tinha chegado recentemente ao clube chamaram a atenção de todos. Seu nome: Nilton Santos.

Fora das quatro linhas, outra novidade do ano de 1948. Foram contratados quatro britânicos para reforçar o quadro de árbitros carioca. Eram eles: Mr. Devine, Mr. Barric, Mr. Ford, e Mr. Lowe. Os dirigentes alegavam que os *referees* dariam mais seriedade ao futebol daqui. Uma decisão que gerou polêmica e muitas piadas.

Charge ironizando a chegada dos árbitros ingleses.
(Acervo: Sport Ilustrado)

O Torneio Municipal, um tipo de prévia do Campeonato Carioca, começou em 25 de abril e o desempenho alvinegro não foi dos melhores. Foram apenas quatro vitórias (América, Madureira, Canto do Rio e São Cristóvão), três empates (Bonsucesso, Vasco e Fluminense) e duas derrotas (Flamengo e Bangu). O time ficou em quarto lugar com 23 gols marcados e 21 sofridos. Na vitória de 4x2 sobre o Canto do Rio, Heleno marcou seus dois últimos gols com a camisa da estrela solitária.

Inauguram-se os refletores do Botafogo

COM A POSSIVEL DESPEDIDA DE HELENO DE GRAMADOS CARIOCAS

Jogando contra o Atlético Paranaense, esta noite, o alvi-negro realizará a festa inaugural da iluminação do seu estádio — Perspectivas de um interessante espetáculo

Um atraente interestadual

A NOITE — Sábado, 29/5/48 — N. 12.885

Fogos de artifício em profusão

Possivel despedida de Heleno

O BOCA DIZ QUE SIM; O BOTAFOGO DIZ QUE NÃO

PASTA DENTIFRICIA S.S.WHITE

CASEMIRAS INGLESAS

A inauguração da nova iluminação e a saída de Heleno.
(Reprodução: A Noite)

O último jogo do temperamental atacante pelo Botafogo foi um amistoso contra o Atlético Paranaense, em 29 de maio. A partida comemorativa serviu para marcar a estreia da iluminação do estádio de General Severiano, que havia custado cerca de um milhão e quatrocentos mil cruzeiros, uma pequena fortuna. O placar não saiu do 0x0. Um gol legítimo de Otávio não foi validado.

Os maus resultados do começo de temporada deixavam a torcida apreensiva. A escolha de Zezé Moreira, mesmo sendo ele um nome ligado à história do clube, não era uma unanimidade. Imagine, então, a reação após a estreia no Carioca, uma retumbante derrota para o fraco São Cristóvão por 4x0.

As vaias surgiram ainda na primeira etapa, quando já perdíamos por 2x0, gols anotados em dois contra-ataques. Depois do intervalo, como o time pressionava mas não conseguia marcar, vieram gritos de deboche, pedindo: “Mais um”. E outros dois gols vieram, mesmo, para o desalento dos jogadores e para a ira da torcida.

Nas Sociais, o Comendador Alberto Castro Coelho era um dos mais exaltados. Esbravejava com sua bengala e, por muito pouco, não atingia outros espectadores a seu lado. Os outros sócios o apelidavam, à boca pequena, de “Cachorro Louco”, não se sabe ao certo se por seu temperamento, se pela figura de marfim da cabeça de um cachorro com dentes à mostra e olhos vermelhos na empunhadura da inseparável bengala, ou se pelas duas coisas. Gritava a plenos pulmões: “Vocês venderam Heleno! Vocês venderam a alma do Botafogo! Esse time é um time sem alma!”.

O escândalo foi tão grande, tão acintoso, que Carlito Rocha foi até o Comendador. Disse que ele estava sendo deselegante e pediu que parasse. Ao invés disso, o “Cachorro Louco” passou a vaiar ainda mais alto. Sem perder a calma (o que era raro), o presidente virou-se para o desequilibrado cidadão e profetizou: “O senhor não sabe, mas está vaiando o time campeão deste ano. Não perderemos mais”. O homem começou a rir, debochando de Carlito: “Aposto minha vida que isso não irá acontecer”. No que o presidente retrucou: “Não precisa apostar tão alto. Casamos dez mil cruzeiros?”. O homem chegou a titubear, afinal a quantia era alta, mas como tinha a certeza de que ganharia, apertou a mão de Rocha selando a aposta.

Foi essa história que Carlito contou aos jogadores depois de reuni-los no vestiário. Afirmou que tinha total confiança neles e que 1948 seria o ano do Botafogo.

SÃO CRISTOVÂO, 4x0

VENCIDO O BOTAFOGO EM GENERAL SEVERIANO

Parte do quadro social do grêmio alvi-negro, prorrompeu em vivas entusiastas aos adversários quando o score atingiu 3 x 0

Em General Severiano travou-se ontem o match Botafogo x São Cristovão, correspondente à primeira rodada do Campeonato Carioca de Football.

Após a preliminar, jogada entre os quadros de aspirantes e que terminou com a vitória do Botafogo por 2x1, o arbitro nacional Gama Malcher chamou ao gramado os teams principais, que formaram com os seguintes elementos:

uma reação. Foi o mesmo conjunto sem harmonia e aparentemente mal preparado. Assim depois do primeiro quarto de hora jogado mais no campo contrário os locais foram cedendo terreno e o team do São Cristovão, com a defesa em grande dia, na marcação, conseguiu modificar o panorama da peleja aparecendo melhor pelo restante do tempo regulamentar.

lação marcando o 3.º goal do São Cristovão.

Levantou-se então a tribuna social do Botafogo aplaudindo os seus adversários, destacando-se alguns por sua exaltação.

E ao entrar nos últimos cinco minutos os alvos aumentaram o score, com o 4.º goal de um remate oportuno e rasteiro do médio Souza que se deslocara no propósito de ajudar o ataque.

Estava assim vencido o Botafogo por 4 x 0.

Notícia sobre a derrota na estreia.
(Reprodução: A Noite)

BOTAFOGO 0x4 SÃO CRISTÓVÃO
Gols: Mical, Magalhães, Wilton e Souza
Data: 11/7 – Local: Estádio de General Severiano
Escalação: Osvaldo Baliza, Gerson dos Santos e Sarno; Marinho, Nilton Barbosa e Juvenal; Paraguaio, Geninho, Zezinho, Otávio e Braguinha.

Durante toda aquela semana torcedores e jornalistas bateram duro no time e em Carlito. Uma crítica impiedosa. Diziam que o presidente era um louco, um ditador, que Zezé Moreira era uma marionete em suas mãos.

O treinador sabia que precisava mudar. Nilton Santos ocupou a vaga que era de Sarno, Rubinho passou a jogar na direita, barrando Marinho Rodrigues e Ávila, recuperado, voltava a ser titular.

No segundo jogo, contra o frágil Canto do Rio, mais um susto na primeira etapa. O Botafogo foi para o vestiário perdendo por 1x0. No entanto, o ambiente não era de tensão. Antes de voltarem a Campo, Geninho lembrou a todos a fácil vitória no Torneio Municipal. Era só jogarem o que sabiam que a vitória viria. E veio, mesmo.

BOTAFOGO 4x2 CANTO DO RIO
Gols: Otávio (3) e Pirillo (Botafogo); Carango (2) (Canto do Rio)
Data: 18/07 – Local: Estádio Caio Martins
Escalação: Osvaldo Baliza, Gerson dos Santos e Nilton Santos; Rubinho, Ávila e Juvenal; Paraguaio, Geninho, Pirillo, Otávio e Braguinha.

No domingo seguinte, de volta a General Severiano, enfim uma vitória expressiva: 6x0 sobre o Madureira. Com direito a uma brilhante atuação de Paraguaio. O jovem Egídio Landolfi, que chegara ao clube por indicação de Heleno, começava a repetir as boas atuações que o fizeram se destacar no time de juvenis no ano anterior.

BOTAFOGO 6x0 MADUREIRA
Gols: Otávio (3), Pirillo (2) e Paraguaio
Data: 25/7 – Local: Estádio de General Severiano
Escalação: Osvaldo Baliza, Gerson dos Santos e Nilton Santos; Rubinho, Ávila e Juvenal; Paraguaio, Geninho, Pirillo, Otávio e Braguinha.

Chegava a hora da primeira prova de fogo: o clássico contra o Fluminense. O tricolor havia vencido o Torneio Municipal, era comandado por Ondino Viera, ex-técnico alvinegro e o jogo seria nas Laranjeiras. Havia um clima de rivalidade no ar. Mas, as dificuldades previstas não se concretizaram. O Botafogo atropelou o Fluminense; chegou a abrir uma vantagem de 5x0. Osvaldo Baliza defendeu dois pênaltis marcados pelo árbitro Mr. Ford.

Otávio marcou três gols contra o Fluminense no show de bola alvinegro.
(Acervo: Sport Ilustrado)

O *Jornal dos Sports* destacou a grande atuação: "O Botafogo de Osvaldo a Otávio agiu como uma máquina. Com um Ávila em grande dia; com um Pirillo como nos melhores tempos; com um Geninho, rejuvenescido, aguentando os dois tempos; com um Otávio surpreendentemente efetivo, sem ciscar nenhuma bola".

Numa única partida Carlito mostrava àqueles que o criticavam que o Botafogo tinha time para disputar o título, que Pirillo ainda era um grande jogador e que fora um acerto substituir Ondino Viera por Zezé Moreira.

BOTAFOGO 5x2 FLUMINENSE
Gols: Pirillo (3), Otávio e Braguinha (Botafogo); 109 e Orlando (Fluminense)
Data: 01/8 – Local: Estádio das Laranjeiras
Escalação: Osvaldo Baliza, Gerson dos Santos e Nilton Santos; Rubinho, Ávila e Juvenal; Paraguaio, Geninho, Pirillo, Otávio e Braguinha.

A partir da grande vitória, Carlito Rocha decidiu usar, em todos os jogos, dali pra frente, a mesma roupa. Um grande chapéu cinza, terno azul marinho de casimira inglesa e um broche com o escudo do River Plate que tinha ganho, naquele dia, de um diretor do clube argentino.

Foram duas semanas até a partida seguinte, contra o Bonsucesso, no estádio de General Severiano. Uma vitória sem sustos por 3x0. Otávio marcou duas vezes, ainda no primeiro tempo e Geninho finalizou a contagem na segunda etapa. O placar só não foi mais elástico por conta da grande atuação do goleiro Alvarez. Este foi o primeiro jogo em que Biriba invadiu o gramado. O fato foi registrado pelo jornal *O Globo*: "A nota curiosa, além da atuação sobrehumana (*sic*) de Alvarez, no sentido de evitar a goleada, esteve no constante aparecimento em campo de um inofensivo e cômico vira-lata preto e branco que, desde a preliminar, vinha ativamente participando das jogadas".

BOTAFOGO 3x0 BONSUCESSO
Gols: Otávio (2) e Geninho
Data: 15/8 – Local: Estádio de General Severiano
Escalação: Osvaldo Baliza, Gerson dos Santos e Nilton Santos; Rubinho, Ávila e Juvenal; Paraguaio, Geninho, Pirillo, Otávio e Braguinha.

Já a partida seguinte prometia ser bem mais complicada. O Bangu era uma equipe "encardida" como se diz no jargão da bola. Um time que contava com o talento de Domingos da Guia jamais poderia ser subestimado e, para piorar as coisas, a partida seria em Moça Bonita.

O presidente determinou que, durante a semana, o time treinasse em Caio Martins. O gramado de Niterói era o que mais se parecia com o do campo banguense. Um solo mais duro, onde a bola quicava muito.

O jogo foi, mesmo, uma dureza. O estádio estava lotado (foi a maior renda da rodada), mas o placar não saiu do 0x0. A dupla de zaga, Domingos e Nogueira, dominou quase completamente o ataque alvinegro, mesmo assim, por muito pouco o Botafogo não venceu. No finzinho da partida, Braguinha foi até o fundo e cruzou. A bola passou por Pirillo e Paraguaio que não a alcançaram.

BOTAFOGO 0x0 BANGU
Data: 22/8 – Local: Estádio Proletário
Escalação: Osvaldo Baliza, Gerson dos Santos e Nilton Santos; Rubinho, Ávila e Juvenal; Paraguaio, Geninho, Pirillo, Otávio e Braguinha.

Apesar do terceiro ponto perdido e da segunda colocação na tabela de classificação (o líder era o Vasco), o moral do grupo estava em alta. Tanto que na partida seguinte, em casa, o Botafogo passou com muita facilidade pelo Olaria, goleando o time da Rua Bariri por 6x1. O curioso é que até os 42 minutos da segunda etapa o placar ainda era de 3x1. Foram três gols, um após o outro. Paraguaio marcou aos 43 e aos 44 e Juvenal, aos 45.

BOTAFOGO 6x1 OLARIA
Gols: Paraguaio (3), Pirillo, Otávio e Juvenal (Botafogo); Esquerdinha (Olaria)
Data: 29/8 – Local: Estádio de General Severiano
Escalação: Osvaldo Baliza, Gerson dos Santos e Nilton Santos; Rubinho, Ávila e Juvenal; Paraguaio, Geninho, Pirillo, Otávio e Braguinha.

Apesar das boas atuações, a desconfiança sobre a qualidade daquele grupo ainda pairava, principalmente na imprensa. Provocações pipocavam, aqui e ali, como no jornal *O Globo*, que alfinetava: "O Botafogo segue firme rumo ao título. Pelo menos do título de penta-vice".

É claro que isso mexia com os botafoguenses, mas a união daqueles jogadores, fortalecida após a saída de Heleno, os empurrava adiante. Uma prova desse "espírito de corpo" era a divisão igualitária de todos os prêmios.

Faltavam três difíceis jogos para o final do turno. O primeiro era contra o Flamengo no Estádio da Gávea. O Vasco continuava com 100%

de aproveitamento e perder pontos para o rubro-negro complicaria muito a vida do time comandado por Zezé Moreira.

Pirillo, pelo Botafogo, e Zizinho, pelo Flamengo chegaram a estar ameaçados de não jogar por problemas médicos, mas as duas equipes acabaram atuando completas. Todos os 13 mil lugares foram vendidos, afinal a partida valia muito. As duas equipes estavam empatadas na segunda colocação.

Antes da partida, a homenagem dos ex-companheiros a Pirillo. (Acervo: Sport Ilustrado)

Os gols só saíram na segunda etapa. Aos 10 minutos, Juvenal centrou e Pirillo, por trás da zaga, entrou livre e marcou o primeiro gol contra seu ex-clube. Logo depois, foi a vez de Geninho ampliar. O chute saiu fraco, mas Luiz Borracha caiu atrasado. Zizinho ainda descontou, mas a vitória jamais esteve ameaçada. Juvenal terminou a partida com a cabeça envolta numa bandagem de gaze toda ensanguentada. Ele se cortou depois de um choque com o atacante Gringo.

BOTAFOGO 2x1 FLAMENGO
Gols: Pirillo e Geninho (Botafogo); Zizinho (Flamengo)
Data: 05/9 – Local: Estádio da Gávea
Escalação: Osvaldo Baliza, Gerson dos Santos e Nilton Santos; Rubinho, Ávila e Juvenal; Paraguaio, Geninho, Pirillo, Otávio e Braguinha.

A penúltima partida do turno foi contra o América. Em teoria, um jogo mais fácil. O time rubro não vinha muito bem no campeonato, mas, na prática, a partida foi dura e muito equilibrada. Talvez a melhor atuação do time da Zona Norte até então. O gol da vitória foi marcado por Nilton Santos. Ele viu o goleiro Vicente adiantado e chutou quase do meio de campo. Ao arqueiro só restou torcer para que a bola não entrasse, mas ela foi morrer no fundo das redes.

O América ainda teve duas boas oportunidades para marcar. Amaro cobrou um pênalti na trave e o próprio Nilton Santos salvou uma bola quase em cima da linha, depois que o chute de Maneco já tinha passado por Osvaldo Baliza.

VITORIA DIFICIL DO BOTAFOGO

Um a zero apenas sobre o América — Goal do zagueiro Santos, de fora da area — Amaro desperdiçou um penalty, na trave

Destaque para o primeiro gol de Nilton Santos pelo Botafogo. (Reprodução: O Globo)

BOTAFOGO 1x0 AMÉRICA
Gol: Nilton Santos
Data: 19/9 – Local: Estádio de General Severiano
Escalação: Osvaldo Baliza, Marinho e Nilton Santos; Rubinho, Ávila e Juvenal; Paraguaio, Geninho, Pirillo, Otávio e Braguinha.

Chegava, enfim a hora de enfrentar o Vasco. O time cruzmaltino havia perdido a invencibilidade para o Fluminense na rodada anterior, mas ainda seguia na liderança com um ponto de vantagem sobre o Botafogo. Uma vitória garantiria a liderança, mas uma derrota poderia ser fatal para as pretensões dos alvinegros na competição.

O jogo começou com o Vasco no ataque e, aos 10 minutos, Chico abriu o placar. O time da casa poderia até ter definido a vitória ainda na primeira etapa, pois dominava o adversário, mas cadenciou muito o jogo e não conseguiu ampliar.

Uma alteração tática feita por Zezé Moreira, no intervalo, foi fundamental para mudar o rumo da partida. Ele pediu que Pirillo e Otávio trocassem de posição, o que confundiu a defesa vascaína. E logo no primeiro ataque alvinegro a "armadilha" funcionou. Ely perdeu a bola para Geninho que tocou rápido para Otávio, mais adiantado. Ele driblou Wilson e fulminou Barbosa. Quatro minutos depois, mais uma vez a zaga vascaína se confundiu e a bola sobrou na área para Otávio marcar mais uma vez.

A partir daí o Botafogo comandou as ações e não permitiu que os donos da casa reagissem. Os veteranos botafoguenses, Ávila, Geninho e Pirillo, mais pareciam meninos, tal o fôlego que ainda mantinham no fim da partida. Destaque para Rubinho que, mesmo machucado, se manteve em campo para ajudar a equipe, e para Paraguaio que, com a contusão do companheiro, recuou para ajudar a defesa.

Poucos minutos antes do jogo terminar, a torcida botafoguense passou a acenar lenços brancos para os vascaínos que, finalmente, deixavam a liderança do torneio. Quando o juiz Mário Vianna apitou o final da partida, vários torcedores invadiram o campo e carregaram Zezé Moreira nos ombros até o vestiário de São Januário.

Entrevistado, Otávio, o autor dos dois gols da vitória fez questão de elogiar o grupo: "O trunfo do Botafogo é reflexo da boa direção que possuímos, da tenacidade e da camaradagem de nosso presidente e da união que existe em nosso time".

BOTAFOGO 2x1 VASCO DA GAMA
Gols: Otávio (2) (Botafogo); Chico (Vasco da Gama)
Data: 26/9 – Local: Estádio de São Januário
Escalação: Osvaldo Baliza, Gerson dos Santos e Nilton Santos; Rubinho, Ávila e Juvenal; Paraguaio, Geninho, Pirilo, Otávio e Braguinha.

A bola passa por Barbosa no segundo gol de Otávio.
(Acervo: BFR)

NA LIDERANÇA
O BOTAFOGO

NOVA DERROTA DO VASCO

Reagindo no segundo tempo, o Botafogo venceu por dois a um

O Botafogo seguia surpreendendo e assumia a ponta.
(Reprodução: O Globo)

Para surpresa dos opositores, a administração Carlito Rocha
ia se saindo melhor que a encomenda.

Dois homens, uma paixão

O ano era 1957. O presidente Juscelino Kubitscheck anunciava a conclusão das obras da rodovia BR-3, que ligava o Rio de Janeiro a Belo Horizonte. Até então só havia asfalto no trecho da antiga Estrada União e Indústria, entre o Distrito Federal e a cidade mineira de Juiz de Fora. Dali em diante seguia-se viagem por uma esburacada estrada de terra.

Ao ler a notícia, Carlito Rocha, viu ruir a última desculpa que dava a si próprio para não visitar Heleno de Freitas no sanatório em que estava internado em Barbacena. Não que a viagem tivesse ficado muito mais curta, mas pelo menos passava a ser mais viável para uma pessoa de 63 anos de idade.

De sopetão, levantou-se. Tinha se decidido. Chamou o motorista e avisou: "Viajaremos amanhã".

Como o trajeto era longo, o dirigente alvinegro teve tempo para reviver todas suas lembranças com o mais apaixonado e apaixonante jogador que já havia atuado com a camisa do Botafogo.

Quem primeiro chamou sua atenção para o garoto espadaúdo e cheio de energia foi Renan Togo Soares, o Kanela (ainda eram amigos naquele ano de 1935). Com 15 anos de idade já se destacava no time de juvenis. Da estreia, no dia 3 de agosto, com uma vitória de 3x2 sobre o São Cristóvão, até o título da categoria, no final do ano, Heleno sobressaía. Mostrava que tinha tudo para ser um ótimo jogador profissional. No ano seguinte, no entanto, problemas financeiros fizeram com que o Botafogo suspendesse o trabalho com as categorias de base e Heleno de Freitas foi parar no Fluminense.

Naquele tempo, o futebol não era uma prioridade para o jovem Heleno. Sua cabeça estava muito mais voltada para os estudos, para as moças da Praia de Copacabana, onde morava, e para as aventuras com os amigos da areia. Não tinha certeza se a bola teria lugar na vida que queria seguir. Tanto que entrou para a Faculdade de Direito.

João Saldanha e Heleno numa seleção estudantil, em 1938.
(Acervo: Família Saldanha)

Em 1939, depois de se indispor com a turma das Laranjeiras, voltou ao Botafogo pelas mãos de um de seus companheiros de praia, o futuro jornalista João Saldanha. Carlito foi um dos que fez gosto daquele retorno. Acompanhara de longe a trajetória do garoto e seus belos gols pelo tricolor. Sabia que o Botafogo precisava de um jogador como aquele. Se aproximou do rapaz, que também o acolheu. Nascia, ali, uma amizade sincera. E, como era 26 anos mais velho, Carlito Rocha, com seu jeito paternal, acabou se transformando no maior conselheiro da jovem estrela do futebol brasileiro.

Aceitar conselhos, até que Heleno aceitava, daí a acatá-los, já era outra coisa completamente diferente. Dono de um talento inegável, Heleno de Freitas tinha um grave defeito: a total falta de paciência com as falhas de seus companheiros. A toda hora era visto esperneando ou esbravejando quando uma jogada não dava certo. Não é muito difícil imaginar a reação dos colegas de time após cada chilique. O mau relacionamento com os demais deixava a comissão técnica e a diretoria do clube de cabelos em pé. Mas, a verdade é que mesmo genioso daquele jeito, Heleno era fundamental para a equipe (até os outros jogadores admitiam). Fazia gols a torto e a direito. Pelo Botafogo marcou 204 em 233 jogos. Uma média espetacular. Outra coisa que pesava a seu favor era a paixão pelo clube. Tinha orgulho de vestir a camisa alvinegra. Os torcedores também sabiam e sentiam isso.

Heleno entraria para a galeria dos grandes craques alvinegros.
(Reprodução: Esporte Ilustrado)

Para o jornalista Geraldo Romualdo da Silva, Carlito e Heleno eram muito parecidos: "Na verdade, a semelhança entre o cartola, que não calçava mais chuteiras, e o craque, que insistia em calçá-las, era bem transparente. Um e outro eram rebeldes, incendiários... Se Heleno tinha seus momentos de passionalismo, Carlito também tinha. Mas ambos eram infatigáveis na busca do que desejavam".

O amigo Carlito Rocha bem que tentou fazer com que Heleno se comportasse melhor, mas o rapaz que se tornara um dos maiores nomes do futebol brasileiro, inclusive com diversas convocações para o selecionado nacional, tinha um ego enorme, muito difícil de ser domado.

Não bastasse o gênio indomável dentro de campo, Heleno de Freitas também aprontava um bocado fora dos gramados. Junto com seus amigos do Posto 4, em Copacabana, integrava o Clube dos Cafajestes. O grupo, formado por filhos de famílias mais abastadas do bairro, era, como se dizia na época, do "barulho". Tinham entre 25 e 30 anos e estavam sempre cercados de mulheres deslumbrantes. Gostavam de rir, beber e fazer estrepolias por toda a cidade, a maior parte delas planejada na Confeitaria Alvear, que ficava na esquina da Rua República do Peru com Avenida Atlântica e era o Quartel General da turma.

A farra ia das "peladas" na areia às noitadas em bares, boates e "inferninhos" da capital. Tinham fama de não levar desaforo para casa e, por isso mesmo, a toda hora estavam envolvidos em algum bafafá. Entre os integrantes, alguns nomes famosos da sociedade carioca, como Ermelindo Matarazzo, Baby Pignatari, Ibrahim Sued, Jorginho Guinle, Mariozinho de Oliveira, Sérgio Porto (Stanislaw Ponte Preta) e até o Príncipe Dom João de Orleans e Bragança.

Confeitaria Alvear: a sede informal do Clube dos Cafajestes.

O Rio de Janeiro sempre foi um lugar repleto de tentações e capaz de desvirtuar jovens talentos da bola que, de repente se deparam com a cidade a seus pés. A fama abre todas as portas, embora nem todas sejam as mais condizentes para atletas que correm atrás da bola. É assim hoje e assim também era nos anos 1940, para desespero de dirigentes como Carlito Rocha. Além das noitadas, sempre regadas a muita bebida, ainda havia a sedução da jogatina.

Os treinamentos junto ao mar introduzidos pelo próprio Rocha na década anterior tinham tudo para ser úteis. Exercícios ao ar livre, a areia impondo resistência à musculatura, vento fresco vindo do mar e muito sol. Nada mais saudável. Com a proibição oficial do jogo no país, Kanela conseguiu que o Botafogo usasse as instalações do antigo Cassino Atlântico, no Posto 6, em Copacabana, como uma subsede do clube. O problema é que, não se sabe se influenciados pelas instalações do antigo cassino, associados montaram mesas para jogos de cartas no local e muitos atletas acabaram se juntando a eles.

A coisa chegou a um tal ponto que Carlito Rocha, com sarcasmo, sugeriu um novo significado para a sigla do clube BFR: Botafogo de Futebol e Roleta. Fez barulho junto à Diretoria e os jogadores ficaram proibidos de participar do carteado. Parte do elenco, todavia, não estava muito propensa a seguir aquela ordem. Como a pressão maior vinha de Carlito (outros dirigentes também frequentavam o local), o grupo convenceu um rapazote de 19 anos, chamado Ramiro, que acompanhava os treinamentos na praia todos os dias, a trabalhar de olheiro para eles. Em troca dariam uma força para que ele fizesse um teste em General Severiano, seu maior sonho.

O "vigia" ficava na porta do prédio e quando via Carlito se aproximar corria para avisar a turma, que escapava pela porta dos fundos. O esquema até que funcionava bem, só que o dirigente começou a achar estranho que depois dos exercícios físicos na praia, nem todos atletas embarcavam no lotação que os levava de volta ao clube. Logo desconfiou do carteado, mas nas incertas que dera no local nunca encontrara nenhum por lá.

Certo dia, antes de retornar à sede improvisada, passou em uma agência bancária na Avenida Nossa Senhora de Copacabana e, por causa disso, chegou à porta do antigo cassino pelo lado oposto ao de costume. Quando o viu ao seu lado, Ramiro tomou o maior susto e antes mesmo que Carlito falasse alguma coisa, começou a se explicar. Disse que estava ali, de sentinela, só para ajudar os rapazes, que tinham prometido a ele uma chance no Botafogo. Fulo da vida, o dirigente passou uma descompostura no rapaz e o botou para correr. Entrou e flagrou nada mais nada menos que sete jogadores com as cartas e as calças nas mãos, o "cafajeste" Heleno entre eles. Não teve jeito, todos levaram o maior "sabão" de Rocha e ainda foram multados em dez por cento dos salários.

Meses depois, Ramiro, de tanto perturbar os jogadores, conseguiu ser chamado para fazer um teste. O treino seria entre os juvenis. O rapaz chegou cedo e logo recebeu chuteira e uniforme. Era a chance que esperava há muito tempo.

Estava esfuziante, pelo menos até cruzar com Carlito Rocha a caminho do gramado. O dirigente ficou olhando para ele com aquela cara de "conheço você de algum lugar". Ramiro gelou. Durante o treinamento, tinha impressão de estar sendo observado atentamente, não pelo treinador e sim pelo cartola. Ficou tão preocupado em não ser reconhecido que quase não tocou na bola. Definitivamente não era naquele dia que se tornaria um jogador de futebol.

De 1940 a 1947, Heleno de Freitas só fez evoluir. Tanto que foi chamado para disputar o Campeonato Sul-Americano do Chile, em 1945. O Brasil ficou em segundo, mas o atacante foi o artilheiro e maior destaque da competição. Na Seleção, aliás, era um *gentleman*, incapaz de reclamar de qualquer companheiro. Também, em um time que tinha supercraques como Zizinho, Jair da Rosa Pinto e Ademir Menezes, nem ele mesmo seria capaz de protestar. Por causa da Segunda Guerra não conseguiu disputar uma Copa do Mundo. Em 50, poderia ter sido convocado. Tinha sido campeão carioca em 1949, mas as muitas brigas que arrumou em São Januário, serviram de motivo para o técnico da Seleção, Flávio Costa (que também treinava o Vasco), deixá-lo de fora.

Heleno entre Tesourinha, Zizinho, Jair da Rosa Pinto e Ademir, companheiros de Seleção.

Nos tempos do Botafogo, só respeitava Geninho, um tipo de "dono" do time, e Oswaldo Baliza (dizem que pelo porte físico do goleiro). Em um dos primeiros treinos ao lado de Nilton Santos, Heleno "soltou os cachorros" pra cima do rapaz de apenas 22 anos que atuava pelo time reserva. É que quando o atacante avançou em direção a Nilton para tentar roubar-lhe a bola, o lateral fingiu atrasar a bola para o goleiro e saiu jogando, deixando Heleno com cara de bobo. A estrela do time ficou louco de raiva com a ousadia do novato e começou a ofender Nilton, que retrucou na mesma moeda. A "turma do deixa disso" teve que agir rápido para evitar um quebra-pau. Nunca mais se falaram. Para a tristeza de Carlito Rocha, que adorava os dois como filhos.

Heleno tirava o sossego de companheiros e das defesas adversárias.
(Acervo: BFR).

As crises nervosas de Heleno de Freitas iam se mostrando cada vez mais frequentes, porém ninguém desconfiava que a causa era algum problema de saúde. A definição do alvinegro jornalista Roberto Porto era mais ou menos a visão que todos tinham do atleta: "Heleno de Freitas era um feixe passional de ossos, carne e sangue". Imprensa, jogadores e torcida o consideravam um tipo de menino mimado; um jogador genioso, mas, ao mesmo tempo, genial.

Muitos achavam que o nervosismo crescente era provocado pela falta de títulos. Por mais que Heleno, ano após ano, se firmasse como um dos melhores jogadores do país, isso não era o suficiente para ajudar o Botafogo a ser campeão. De 45 a 47, o alvinegro teve tudo para levantar a taça, mas detalhes fizeram com que a conquista não viesse.

Por mais que buscasse um título pelo Botafogo, eles teimavam em escapar. (Acervo: BFR)

As multas por mau comportamento se sucediam, mas as penas sempre eram abrandadas porque, sem Heleno, o Botafogo era um time como tantos outros. Não deixar que ele entrasse em campo era dar um tiro no próprio pé. Mas, quando Carlito Rocha assumiu a presidência do clube, em 1948, foi logo dando um aviso a todos: "Não haverá mais indisciplinas neste clube, venham de onde vierem". A mensagem era um alerta para Heleno. Indiretamente, Carlito avisava que, apesar de amigos, teria que se impor. Aliás, o próprio dirigente brincava com sua fama de autoritário: "Ditadores, apenas eu e Getúlio".

O estopim do processo que levaria à saída de Heleno do Botafogo foi uma entrevista que o atacante deu em Montevidéu, onde disputava a Copa Rio Branco pela Seleção. Dizia que estava sem ambiente no Botafogo e que pretendia se transferir para o Vasco. A imprensa fez um escarcéu com a notícia e o clube teve que tomar uma atitude. Carlito consultou a Diretoria e uma suspensão por 30 dias foi aprovada por unanimidade. Heleno tentou desmentir a declaração, colocando a culpa no jornalista, mas a desculpa não "colou".

Calhou de, justamente nesse período, chegar ao Rio um empresário argentino encarregado de fazer uma sondagem por parte do Boca Juniors. Tinham interesse no passe do goleador alvinegro e queriam saber se a negociação era possível.

O interesse do Boca pegou o Botafogo de surpresa. A princípio não havia interesse, mas era muito dinheiro, 600 mil cruzeiros. A decisão precisava ser tomada com calma e o assunto passou a ser guardado a sete chaves. A imprensa não podia saber de nada.

Em junho, o presidente botafoguense chamou Heleno e explicitou a proposta argentina. Ganharia 300 mil dólares pela transferência e mais 9 mil dólares de salário. Uma pequena fortuna. Além disso, a venda faria um enorme bem às finanças do clube, que não estavam muito boas.

De acordo com o biógrafo do atacante, Marcos Eduardo Neves, apesar de desapontado, Heleno se pôs à disposição para a transferência: "Carlito, a camisa do Botafogo está grudada em minha pele. Mas, se o clube precisa de mim fora do campo de luta, façam o que quiserem comigo e com o dinheiro".

A notícia correu o Brasil na potente voz de Heron Domingues, locutor do Repórter Esso e ganhou as manchetes dos jornais do dia seguinte. A torcida do Botafogo se mostrava incrédula. Por mais que Heleno de Freitas fosse uma figura controversa, tinha se tornado a alma do Botafogo naqueles anos 1940.

Heleno sabia que haveria uma reação contrária e tratou, ele mesmo, de amenizar o estrago. Pediu a Dona Magdalena, secretária do clube, uma folha de papel timbrado e escreveu de próprio punho a seguinte nota: "Rio de Janeiro, 1 de junho de 1948. Ao Sr. Carlito Rocha. D.D. Presidente do Botafogo de Football e Regatas. Em aditamento à palestra que tive com V.S. sobre a minha transferência para o *football* argentino, venho confirmar que essa se processou de comum acordo com o clube e, de minha parte, de livre e espontânea vontade. Aproveito o ensejo para reiterar a satisfação que foi para mim o longo convívio que mantive com o Botafogo, clube que defendi como profissional, mas peço que se me permita declarar, como verdadeiro e sincero amador botafoguense. Assegurando a certeza de minha melhor amizade e simpatia pelo quadro social, torcedores e seus dignos dirigentes. Obrigado. Heleno de Freitas". Para Carlito Rocha, aquela era a maior prova de lealdade que poderia ter recebido do amigo.

O atacante chegou a assistir à primeira partida do campeonato de 1948, quando o Botafogo sofreu uma humilhante derrota para o São Cristóvão por 4x0. Os torcedores, ao perceberem que ele estava no estádio, começaram a gritar seu nome. Heleno deixou General Severiano aos prantos.

No dia 3 de junho de 1948, Carlito, com o coração tomado pelo remorso, ainda foi ao aeroporto para tentar fazer com que Heleno voltasse atrás. O jogador foi firme e disse que trato era trato. Iria para a Argentina, pois seu novo clube o esperava. Se abraçaram longa e afetuosamente e não faltaram lágrimas de ambas as partes. Antes de embarcar, o dirigente entregou ao amigo um cheque de 11 mil cruzeiros, dinheiro que Heleno deixara de receber nos períodos em que ficara suspenso.

Heleno e Carlito: a saída do Botafogo não abalou a relação entre os dois.

Voltou ao Rio apenas para casar-se com Ilma na Igreja de São Paulo Apóstolo, em Copacabana. Carlito Rocha estava na cerimônia. Fazia muito gosto naquele casório. Achava que Heleno mudaria a partir dali. A vida desregrada ficaria para trás e seu gênio, finalmente, seria domado, ainda que fosse pela esposa.

No final do ano, assim que tomou conhecimento, na Argentina, de que o Botafogo finalmente tinha conquistado o título carioca Heleno de Freitas enviou, naquela mesma tarde, um telegrama parabenizando toda a equipe.

Quis o destino que Carlito e Heleno só voltassem a se reencontrar muito tempo depois. A vida em Buenos Aires não tinha sido fácil. Não vingara por lá. Acabou retornando para o Rio, só que para o Vasco da Gama, onde finalmente conseguiu um título carioca, em 1949. Tentado pelo "Eldorado Colombiano" (o país passou a ser o destino de muitos atletas brasileiros. A liga pirata pagava altos salários, mas não era reconhecida pela FIFA), transferiu-se para o Atlético Júnior, de Barranquilla. Quando voltou para o Brasil, o destino foi o Santos. Posou com a camisa do time, mas não chegou a atuar em uma partida oficial sequer. O último clube da carreira foi o América. Com a camisa rubra jogou pela primeira e última vez no recém-inaugurado Maracanã. Expulso aos 25 minutos da primeira etapa, deixou o "maior do mundo" vaiado.

Foi Carlito quem viu Heleno na beira da Praia de Copacabana, naquela tarde de 1951. Se aproximou e colocou a mão em seu ombro. Se abraçaram e Carlito desatou a chorar. Heleno pegou um lenço e o ofereceu ao amigo. Recuperado, com voz paternal, Carlito quis saber quais eram os planos do jogador. Para o dirigente, deveria voltar a jogar ou, pelo menos se reencontrar com a vida em outro lugar, longe de Copacabana. O ex-goleador alvinegro respondeu: "Olha, Carlito, eu só cruzo o túnel se for para vestir, de novo, a camisa do Botafogo".

Conversaram durante mais algum tempo e depois se despediram com outro longo abraço. Um abraço que o velho Rocha depois descreveria como uma espécie de adeus. No fundo, sabia que o sonho de Heleno não era mais possível. Não jogaria mais no seu Botafogo, nem em qualquer outro clube.

O dirigente só não podia imaginar o quão grave a situação ainda se tornaria. A degradação era galopante. Heleno foi internado em uma clínica na Tijuca e tratado como doente mental. Era contido com camisa de força e submetido a choques elétricos. Os maus tratos só acabaram quando o irmão Heraldo o levou de volta a São João Nepomuceno, na Zona da Mata Mineira, cidade natal dos dois.

Em outubro de 1954 os médicos descobriram o mal de Heleno: sífilis, em estado muito avançado. Todos os sintomas apresentados pelo jogador durante anos, finalmente, faziam sentido. Só que não havia mais o que fazer.

Os últimos anos de Heleno de Freitas foram passados na Casa de Saúde São Sebastião, um sanatório de Barbacena e era justamente para lá que Carlito Rocha se dirigia naquele quente mês de março de 1957.

Só chegaram à pequena cidade mineira no final da tarde e a clínica já não aceitava mais visitas naquele horário. O jeito era procurar uma pensão e descansar até o dia seguinte.

Um problema mecânico no carro fez com que só conseguissem chegar ao sanatório por volta das 10 da manhã. Carlito se dirigiu à recepção e pediu o número do quarto de Heleno. A senhora que o atendeu disse que o quarto era o de número 25, mas que o ex-jogador não estava lá. Tinha sido levado por um dos médicos até o campo do Olympic Club. Segundo ela, vez por outra o paciente ia até lá. Gostava de ver os treinos dos rapazes e já tinha até jogado bola com eles.

De posse de um pequeno mapa rabiscado pela atendente em uma folha de caderno, o dirigente se dirigiu ao bairro de Santa Tereza. O curioso era que o pequeno estádio pintado com a fachada pintada de azul e branco tinha sido inaugurado, um ano antes, justamente pelo Botafogo. Não mais o Botafogo de Heleno de Freitas, mas sim o de outro jovem talento: Garrincha.

Não foi difícil localizar Heleno. Difícil foi acreditar que em tão pouco tempo pudesse ter envelhecido tanto. Não era nem sombra daquele belo homem que tinha despertado o desejo das mulheres cariocas. Mirava o gramado com o olhar vazio.

Carlito sentou-se ao seu lado. Heleno olhou para ele, mas não o reconheceu. Ficaram os dois em silêncio por cerca de meia hora, quando Carlito se levantou e partiu. De Barbacena até o Rio não deu uma palavra sequer.

Heleno só viria a falecer em 1959, mas na viagem de volta Carlito tinha a certeza de que o amigo já não estava mais entre nós.

Heleno de Freitas: fúria e paixão pelo Botafogo.
(Acervo:BFR)

Fé e mandingas

As histórias mais famosas de Carlito Rocha, com certeza, estão ligadas a crendices e superstições. São tantos "causos", contados das mais variadas formas e por tantas pessoas, que ajudaram a criar um folclore em torno do antigo dirigente. Se esses fatos se sucederam ou não, ou se aconteceram exatamente como narrados, ninguém sabe ao certo, mas caíram na boca do povo e ganharam *status* de realidade.

O que faz, então, o biógrafo: usa ou não histórias que não podem ser totalmente comprovadas? Preferi, nesse caso, seguir a clássica frase do faroeste "O Homem que Matou o Facínora", de 1962: "Quando a lenda se transforma em fato, publique-se a lenda".

Lógico que todas as histórias desse capítulo têm um fundo de verdade. Carlos Martins da Rocha era um homem extremamente religioso, que acreditava piamente na força da fé; por outro lado, também era um sujeito supersticioso como poucos e via sinais dos desígnios da sorte por todos os lados. Uma combinação explosiva e capaz de gerar fatos que beiravam o absurdo.

No Botafogo, ninguém era mais supersticioso que ele. (Acervo: Última Hora)

Criado numa família extremamente religiosa, Carlos Martins da Rocha, desde a infância em Petrópolis se habituou a frequentar missas. A mãe, Dona Joana, arrastava quantos filhos pudesse para a Capela de Nossa Senhora do Rosário que ficava a poucos passos da casa em que moravam, no número 34 da Rua do Imperador. Era uma igreja modesta. As grandes celebrações religiosas daqueles primeiros tempos republicanos aconteciam na velha Matriz, que ficava bem em frente ao antigo Palácio Imperial.

Para o menino Carlito, as missas não eram qualquer sacrifício. Era o único que acompanhava a mãe sem reclamar. Sentia-se bem naquele ambiente. Quase foi coroinha. Só foi barrado porque danava a espirrar cada vez que o incensório era aceso. Estudar em um colégio dirigido por padres só fez aumentar sua fé. Nem mesmo durante a juventude deixava de se confessar e comungar pelo menos uma vez por semana.

Muitos anos depois, quando já morava na Rua Júlio de Castilhos, em Copacabana, todo os domingos andava até a Rua Francisco Sá para pegar o bonde Ipanema em direção à Igreja Nossa Senhora da Paz.

As missas acabaram aproximando Carlito de Seu Tibúrcio Lopes. Paroquiano de carteirinha, passava mais tempo na igreja do que em casa. Como tinha sido sacristão, quando era rapaz, na cidade de Juiz de Fora, em Minas Gerais, ajudava nas celebrações. Além da religião católica, Tibúrcio também compartilhava a outra "religião" de Carlito Rocha: o Botafogo. Quando moleque não perdia um jogo do Tupi Football Club, o Galo Carijó. Mas, desde que ganhou um rádio e pôde acompanhar os jogos dos clubes do Rio, se apaixonou por outro time alvinegro: o Glorioso.

Assim que acabava a missa se aproximava de Carlito, já puxando conversa sobre futebol. Apesar de amar o jogo, não ia aos estádios. O médico o havia diagnosticado com sopro no coração e, embora dissesse que não era nada grave, assustara o paciente. Como já ficava nervoso demais ouvindo as partidas pelo rádio, achava melhor não arriscar.

Queria saber de tudo, como tinha sido a partida anterior, se o time tinha chances de ser campeão, como agia esse ou aquele jogador... Carlito, com a maior paciência do mundo, ficava de conversa com o amigo. O papo só terminava quando o Padre Gregório chamava Tibúrcio para os preparativos da missa seguinte.

Era o fornecedor oficial de santinhos para o dirigente. Quando conseguia um que Carlito não tinha, ficava feliz como criança que encontrava uma figurinha difícil no pacotinho. Foi, portanto, um dos principais responsáveis pelo fato dos bolsos de Carlito Rocha estarem sempre repletos de imagens de arcanjos, santas e santos. Aqueles mesmos santinhos que muitas vezes os jogadores tinham que beijar antes ou depois dos jogos. Já as medalhinhas ficavam presas num grande alfinete de segurança na altura da lapela. Durante os jogos beijava uma a uma. Segundo o jornalista Mário Filho, quem o visse e não conhecesse a mania pensaria que o dirigente estava tocando uma gaita.

Quando Tibúrcio morreu, de insuficiência renal e não do coração, Carlito fez questão de levar uma bandeira do Botafogo para cobrir o caixão.

Algumas das clássicas histórias do dirigente alvinegro mesclam religião e superstição. Sempre apelava para São Pedro para que este garantisse dias claros quando o Botafogo atuava em General Severiano. É que, segundo ele, com nuvens em volta, o Cristo não podia ver o jogo e dar aquela forcinha ao time da casa. Aliás, um dos dias mais felizes da vida de Carlito Rocha, como ele mesmo contava, foi 12 de outubro de 1931, dia da inauguração da estátua do Cristo Redentor, no alto do morro do Corcovado. É que do gramado de General Severiano dava para ver a estátua bem de frente. Sem dúvida, de acordo com o dirigente, uma benção especial para o seu Botafogo.

No ano do título de 1948 desandou a fazer promessas de subir a escadaria do Santuário de Nossa Senhora da Penha (382 degraus) a cada vitória. O time desandou a vencer, mas Carlito nunca tinha tempo para ir até a igreja. Isso o preocupava. Deus não devia estar gostando nada daquilo. Começou, então, a pagar a promessa por procuração. Mandava Vitório, um auxiliar de escritório do clube, munido de uma caixa de velas até lá. No final do primeiro turno, depois do Botafogo bater o Vasco por 2x1 e conseguir a quarta vitória seguida, o rapaz pediu demissão.

Sem seu pagador de promessas, mudou de tática. Jurou: se fosse campeão, iria usar meias diferentes em cada pé durante 15 anos. Não foram poucas as vezes, dali pra frente, que teve que explicar a desavisados a razão de estar usando uma meia de cada cor.

Embora, vivesse apelando para a turma do céu, não aceitava heresias de quem quer que fosse. Depois de uma partida em São Paulo, o goleiro Oswaldo Baliza vinha se lamentando sobre um gol sofrido. O amigo Juvenal, para consolá-lo disse que um chute forte e colocado como aquele, nem Cristo pegaria. Imediatamente ouviu-se a voz grossa de Carlito lá do fundo do avião: "Não fale asneiras, meu filho. Se Cristo jogasse futebol não passaria nada, seria inexpugnável".

Durante os jogos, quem estivesse ao seu lado, tinha que demonstrar tanta devoção quanto ele, que o diga outro diretor do clube, o Nelson Cintra. Numa partida contra o América, em Campos Sales, Perácio foi derrubado pelo goleiro Tadeu. Pênalti marcado pelo juiz Virgilio Fredighi. Carlito virou-se para o amigo e ordenou: "Reze, Nelson, reze". Cintra achou melhor não contrariar, juntou as mãos e pediu para que Perácio convertesse a penalidade. Só que a bomba disparada acertou em cheio uma das traves e voou para longe da área. Quando se virou para o lado, Carlito o fuzilava com os olhos. Ainda tentou argumentar dizendo que tinha rezado, mas a resposta veio sem qualquer piedade cristã: "Deve ter rezado sem fé. E, sem fé, não há santo que dê jeito".

O cronista Nélson Rodrigues, o criador do personagem Sobrenatural de Almeida, era um dos poucos jornalistas que nunca debochou da fé de Carlito Rocha. Muito pelo contrário; era um de seus defensores: "Carlito Rocha é o homem que introduziu, no futebol, o sobrenatural... Eu sempre entendi e sempre louvei a posição de Carlito Rocha. Os lorpas, os pascácios e os bovinos barram a entrada de Deus no Maracanã. Mas o velho Carlito, nunca. Ele sempre entendeu que, por vezes, uma 'pelada' pode adquirir o odor de santidade. E ele, com a maior sabedoria, tratava de aliciar os santos para o lado botafoguense. Quantas vezes, nas batalhas dos alvinegros ocorreram cínicos e deslavados milagres?"

Às vésperas da decisão do campeonato de 1957 o jornal *Diário Carioca* estampou a seguinte manchete: "Eu vi o dedo de Deus apontando o Botafogo". A afirmação em tons bíblicos era de Carlito Rocha.

Entrevistas com Carlito sempre geravam boas manchetes.
(Reprodução: Diário Carioca)

Segundo ele, não havia mais qualquer dúvida: o Botafogo seria o campeão daquele ano. Como era famoso por suas crendices, o jornal quis saber do dirigente se os céus ajudariam o Botafogo no confronto contra o Fluminense. A isca funcionou, o jornal ganhou sua manchete e a declaração ainda acabou tendo grande repercussão.

Logo outros jornais o procuraram para que falasse sobre essa certeza divinal do título. Ao *Jornal do Brasil*, Carlito explicou: "Ou é Deus, como eu chamo, ou outro Ser qualquer que rege o mundo. O Botafogo, há 15 dias, estava completamente afastado do título. Bastou que o Vasco vencesse o Fluminense, o Flamengo empatasse com o Madureira e o Botafogo derrotasse o Canto do Rio para ganhar cinco pontos em uma semana. Logo a preferência de Deus pelo Botafogo é notória".

Com uma mãozinha celestial, ou não, o Botafogo venceu. Aliás, não só venceu, como aplicou uma senhora goleada: 6x2 sobre o mais antigo rival. Com direito a cinco gols de Paulinho Valentim.

Paulo Valentim fez gols de tudo o que é jeito naquela tarde. (Acervo: Última Hora).

O episódio mereceu uma nova crônica de Nélson Rodrigues, que escalou o veterano alvinegro como o seu "Personagem da Semana", que assinava no jornal *O Globo*: "Chegou, enfim, o momento de fazer de Carlito Rocha o meu personagem da semana. Quer queiram, quer não, ele está atrelado ao fabuloso triunfo alvinegro sobre o Fluminense. E aqui pergunto: Qual teria sido a contribuição carlitiana para o título? E eu próprio respondo: Carlito ligou o jogo ao sobrenatural, pôs Deus ao lado do Botafogo e, mais do que isso, pôs Deus contra o Fluminense. E, com efeito, três ou quatro dias antes do clássico, um jornalista foi provocar o velho Rocha. Ora, o Carlito nunca teve meias medidas, nunca! Bastaram duas ou três perguntas estimulantes para que dentro dele rugisse a imortal paixão botafoguense. Disse ele que Deus viera anunciar-lhe a vitória do Botafogo. Um vaticínio divino é algo mais do que um palpite de esquina. No entanto, vejam vocês, nem o jornal que publicou a reportagem, nem o leitor, nem a torcida, ninguém acreditou nem em Carlito, nem na visão, nem mesmo em Deus. As declarações do velho Rocha, tão honestas e incisivas, pareceram a nós, impotentes da fé, uma simples e cruel piada de jornal. E um amigo, pó-de-arroz como eu, veio perguntar-me: 'Viste o Deus de Carlito?' Eu não tinha visto o jornal ainda, mas as palavras do meu amigo ficaram ressoantes em mim. 'Deus de Carlito...' E, subitamente, eu compreendi o seguinte: não há um Deus geral, não há um Deus de todos, não há um Deus para todos. O que existe, sim, é o Deus de cada um, um Deus para cada um. Por outras palavras, um Deus de Carlito, um Deus do leitor, um Deus meu e assim por diante. Graças ao Carlito criava-se uma relação entre o Botafogo e o sobrenatural e o clássico decisivo passava a adquirir um pouco de eternidade. Veio o jogo. Com a nossa impetuosidade tínhamos da batalha uma visão crassamente realista: só cuidávamos dos aspectos técnicos, tácticos e físicos. Eu próprio vivia perguntando, a um e a outro, na minha aflição de pó-de-arroz: O Leo joga? O Leo não joga? Em suma, pensava em Leo, em Pinheiro, em Cacá ou Valdo. Mas não chamava o meu Deus. Ao passo que o velho Rocha sabe o quanto acrescenta a qualquer pelada do Botafogo a dimensão da sua fé. Eu não vi, nem ouvi, durante toda a semana do jogo, um tricolor falar em Deus. E por que? Pelo seguinte: achamos que Deus não se interessa por futebol, portanto, nós o excluímos das atribuições da nossa torcida. Domingo nunca houve um clube tão sem Deus como o Fluminense. Ora, nenhum brasileiro consegue ser nada, no futebol ou fora dele, sem a sua medalhinha de pescoço, sem os seus santinhos, sem as suas promessas, e numa palavra, sem o seu Deus pessoal e intransferível. É esse místico arsenal que explica as vitórias esmagadoras. Portanto eu acredito piamente na contribuição de Carlito para o perfeito, o irretocável triunfo alvinegro. E de resto, como não gostar do Deus do velho Rocha? Deus tão cordial, íntimo, terno, que se incorporou à torcida botafoguense e viveu com a torcida botafoguense aqueles eternos noventa minutos."

O jornalista Barbosa Lima Sobrinho, em um artigo no *Jornal do Brasil*, não resistiu, deixou a seriedade um pouco de lado e também escreveu sobre o tema:

"Aqui no Brasil, procura-se o milagre. Deseja-se que a partida se resolva pela intervenção de forças sobrenaturais. De tal modo que já vamos tendo aqui a mobilização da Corte Celeste, transformada em cupincha dos grandes clubes... Mas este ano, foi o próprio Deus que se manifestou numa esquina da Rua Gonçalves Dias. Se fosse comigo eu pensaria que se tratava apenas de um desses Papais Noéis contratados pelas casas de comércio locais para entreter a garotada enquanto as mães fazem compras. Mas Carlito Rocha viu que não era Papai Noel. Era o próprio Deus que lhe dizia: – 'Vá tranquilo, seu clube será campeão'... Os pais de terreiro passaram ao segundo plano. A coisa agora fica mais fina, pois se decide com o próprio Deus. Com o meu espírito reverente e cauteloso, achei uma verdadeira sorte que o Cristo do Corcovado não houvesse amanhecido, na segunda-feira, com a camisa do Manequinho da Praia de Botafogo".

Quando retornou ao clube em 1963 para tentar ajudar a evitar que o tricampeonato carioca escapasse entre os dedos alvinegros, explicou sua nova função: "Não quero lidar com as coisas terrenas do futebol. Se nossa equipe precisar de uma ajuda de São Sebastião, eu falo com o santo, meu velho chapa, e ele fará o milagre que for preciso. Se o Vasco contratar um macumbeiro para secar a nossa equipe, eu explicarei todos os macetes para anular o 'trabalho' do inimigo". E quando perguntado se daria um jeito em Garrincha, que andava com a vida mais torta que as próprias pernas, foi categórico: "Já falei com São Jorge sobre o assunto".

Mas às vezes nem mesmo os santos davam jeito. Depois de várias atuações abaixo da média, Carlito Rocha convenceu Rodolfo Barteczko, o Patesko, a ir se benzer. E não havia lugar melhor do que na Igreja de São Sebastião, no Rio Comprido; os barbadinhos haviam de resolver aquela situação. Horas depois, o jogador chegou em General Severiano esbravejando. Ao vê-lo assim e, ainda por cima, com um olho roxo, o dirigente perguntou o que havia acontecido. O jogador disse tinha se aproximado de um dos freis para receber a benção, só que o asperge (aquela peça de metal usada para jogar água benta sobre os fiéis) escapuliu da mão dele e acertou em cheio o olho do ponta-esquerda. "Estou muito azarado, mesmo". Deu às costas para Carlito e saiu batendo pé, não sem antes soltar um palavrão em polonês que é melhor não traduzirmos aqui.

Os jogadores sofriam com as manias do cartola. No intervalo de uma partida, Otávio foi tomar um café e, por acidente, derrubou açúcar em cima dele próprio. O Botafogo, que estava empatando, ganhou. Razão de sobra para que Carlito passasse a jogar açúcar no jogador em todo intervalo em que o time não estivesse à frente no placar. O pobre jogava o segundo tempo todo melado.

Pior foi a situação de Perácio. Num treinamento na então deserta praia da Barra da Tijuca, Álvaro, só de molecagem, fez xixi no pé do colega. Como Perácio marcou três gols no jogo de domingo, Carlito, brincando, disse que Álvaro deveria repetir a dose antes de cada jogo. Todos caíram na gargalhada com o absurdo da proposta, mas por via das dúvidas, na semana seguinte o goleador tratou de manter uma distância segura tanto de Álvaro quanto de Carlito durante os treinos.

O jornalista Sandro Moreyra imortalizou muitas histórias do supersticioso dirigente em sua coluna no *Jornal do Brasil*. Numa delas contou as agruras vividas pelo General Sadock de Sá durante uma partida entre Botafogo e Fluminense. O apito estava por conta do britânico Mister Ford. Rigoroso na marcação de faltas, não pensava duas vezes antes de marcar um pênalti. Naquele jogo, em menos de 5 minutos marcou duas penalidades máximas contra o alvinegro. Na primeira delas, Careca bateu e Oswaldo defendeu. Quando o tricolor se preparava para a segunda cobrança, o general, que estava ao lado de Carlito Rocha, disse: "No primeiro pênalti tapei o rosto, não tive coragem de olhar, mas este eu não perco". Carlito reagiu: "Nada disso, meu amigo. Se eles perderam e você não viu, trate de cobrir os olhos de novo". Mais uma vez o goleiro botafoguense defendeu e o pobre Sadock foi obrigado a ver o jogo pela metade. É que a cada ataque do Fluminense, Carlito alertava: "Lá vem eles de novo, General, tape os olhos".

Outro jornalista, Armando Nogueira, também contava várias histórias sobre as manias do dirigente. Uma delas envolveu o próprio Armando. Os dois estavam, lado a lado, assistindo a uma partida contra o Fluminense, pelo campeonato de Aspirantes, nas Laranjeiras. Quando Carlito tirou o relógio do bolso para saber o tempo de jogo, notou que o mesmo estava parado. "Na mesma hora ele se virou para mim e disse: Meu filho, segura isso aqui que relógio parado dá o maior azar, é por isso que não estamos vencendo. O mais engraçado é que nessa época não tínhamos nenhuma intimidade. Ele deu o relógio pro primeiro que viu na frente".

Outra história narrada por Armando envolveu um jovem jogador chamado Índio. O garoto tinha chegado como boa promessa, mas não se acertava nos treinos e Armando quis saber a opinião de Carlito. "O rapaz até pode ser índio, mas aquela cabeleira atrapalha o futebol dele", argumentou o dirigente. Uma semana depois, o jogador apareceu com os cabelos cortados, porém, com o mesmo futebol pífio. Armando decidiu, então provocar o velho Rocha: "Poxa, Carlito, o menino cortou os cabelos e nada de melhorar...". No que o cartola, irônico como poucos, respondeu de imediato: "Em casos assim não adianta cortar os cabelos. Acho que tem que cortar as pernas também". E os dois caíram na gargalhada.

O fiel escudeiro de Carlito Rocha, quando se tratava de superstições, era o roupeiro Aloísio. Os dois estavam sempre atentos para descobrir os sinais do sobrenatural. Não podiam ver a bandeira da sede enrolada em dia de jogo; mandavam logo algum funcionário dar um jeito na situação. "Seu Carlito fazia tudo aquilo por seu grande amor ao Botafogo", declarou Aloísio numa entrevista no final dos anos 1960. "Ele se agarrava a tudo para poder ganhar, queria era ver o Botafogo vitorioso. Durante os jogos rezava a todos os santos. Acho que os céus nunca ouviram preces tão fervorosas. Além disso ficava o jogo inteiro com aquele chapelão passando de uma mão para a outra. Na direita, quando o Botafogo atacava, e na esquerda, quando nosso time se defendia".

Carlito Rocha e seu inseparável chapéu.
(Acervo: BFR)

Bastava um deles inventar uma crendice para que o outro acreditasse piamente em sua eficácia. Foi assim com a clássica história das cortinas amarradas. No ano de 1948, o time teve um começo desastroso, mas na segunda partida, contra o Canto do Rio, do outro lado da Baía de Guanabara, o Botafogo conseguiu uma boa vitória. À noite, ao passar por General Severiano, Carlito viu as cortinas da sede amarradas. Na certa o faxineiro que limpara o chão do Salão Nobre se esquecera de soltá-las. Bastou para que o presidente alvinegro visse, ali, um sinal da sorte. No dia seguinte, ordenou que antes de todas as partidas Aloísio deveria amarrar as longas cortinas de veludo da mesma forma. Elas ajudariam a "amarrar" as pernas dos adversários.

Tudo ia às mil maravilhas, o time emplacava ótimos resultados, pelo menos até aquele dia 21 de novembro. Apesar de o jogo ser no "alçapão" da Rua Bariri, o Olaria não assustava. Tinha perdido de 7x2 para o Fluminense na rodada anterior. Porém, mal a bola rolou, o tempo, que era chuvoso, literalmente, fechou. Logo aos 4 minutos, Alcino abriu o placar para o time da casa. Imediatamente Carlito perguntou a Aloísio: "As cortinas foram amarradas?". O roupeiro disse que sim, que ele mesmo tinha dado os nós. Só que aos trinta, quando J. Alves ampliou, o presidente não teve dúvidas: "Aloísio, alguma coisa está errada. Pegue meu carro e vá, agora mesmo, para General Severiano".

De Olaria a Botafogo o trajeto era longo: uns 25 quilômetros. Ainda não havia o Túnel Rebouças, nem o Santa Bárbara, para cortar caminho. Antes mesmo de conseguir deixar os arredores do estádio, ouviu o grito de gol da torcida do Botafogo. Ligou o rádio e soube que Gildo tomara um frango por debaixo das pernas, numa cabeçada fraca de Braguinha. Chegou a pensar em voltar, mas ordens eram ordens. Era domingo e não havia muito trânsito, mas a chuva e as muitas poças pelo caminho não permitiam que o carro seguisse mais rápido. Aos 20 minutos do segundo tempo, quando dobraram na Avenida Oswaldo Cruz com a Praia de Botafogo, mais um gol do Olaria. Walter, de cabeça.

Cinco minutos depois, Aloísio entrava no salão do Palacete Colonial e, para seu espanto, as cortinas estavam totalmente soltas. Correu em direção a elas e, rapidamente deu um nó em cada uma. Nem bem tinha chegado à varanda, quando o motorista gritou: "Gol do Botafogo! Otávio!". Olhou para as cortinas e deu uma gargalhada.

Voltou ao carro para escutar o resto do jogo. Assim que sentou no banco da frente, mais um gol; desta vez Pirillo. Era o empate. E por mais mágico que possa parecer, dois minutos depois, Otávio fazia o quarto. O Botafogo tinha vencido mais uma vez.

Daquele dia em diante, o roupeiro jamais questionou qualquer ordem de Carlito Rocha, por mais louca que pudesse parecer.

Apesar de todos esses episódios, o velho botafoguense costumava dizer que não era apegado a superstições e, antes que alguém rebatesse a afirmação ou achasse que se tratava de algum sintoma de insanidade, Carlito explica: "Só acredito em superstição que funciona. Se para de funcionar, deixo de lado. E, em seguida, passo pra outra mais eficiente".

Carlito sabia que suas manias ajudavam a promover o Botafogo.

As histórias que ele criava mexiam com a imprensa e com a torcida.

O fator Biriba

Quem passava pela Praça Tiradentes, no centro do Rio de Janeiro naquele dia 16 de dezembro de 1948, não entendia muito bem o que estava acontecendo. Nem tanto pela enorme fila que se formava em frente ao Teatro Carlos Gomes desde as primeiras horas da manhã, mas sim pelo grande número de bandeiras nas cores preta e branca. Um cidadão mais curioso, no entanto, facilmente descobriria o motivo. A Rádio Globo tinha decidido homenagear o título carioca conquistado pelo Botafogo de Futebol de Regatas de uma forma bastante original: a famosa mascote Biriba receberia uma coleira de ouro durante a irradiação do renomado programa "Trem da Alegria".

Uma
Coleira de Ouro
para a
BIRIBA
Biriba, o arqui-mascote, botafoguense que, a partir de amanhã, quinta-feira, usará tambem COLEIRA DE OURO.
Grande Festa amanhã no "Trem da Alegria"
No TEATRO CARLOS GOMES

Propaganda da festa para Biriba.
(Reprodução: Jornal dos Sports)

Os responsáveis por manter esse "trem" nos trilhos eram o "maquinista" Héber Bôscoli (criador do programa), a "foguista" Yara Sales (radioatriz e esposa de Bôscoli) e o "guarda-freios" e compositor Lamartine Babo. Os três formavam o Trio de Osso, uma paródia ao Trio de Ouro, composto por Herivelton Martins, Dalva de Oliveira e Nilo Chagas. O programa sempre fez enorme sucesso, desde seu início em 1942, ainda na *Rádio Nacional*. Atraía tanta gente que, quando passou a ser transmitido pela *Mayrink Veiga*, trocou os estúdios da emissora pelo Teatro Carlos Gomes.

Naquela quinta-feira, o clima estava mais para estádio do que para um teatro. Além dos dois mil assentos, o chão também estava lotado. Os porteiros tiveram que pedir ajuda à polícia para evitar que mais gente entrasse. No palco, o treinador Zezé Moreira e os craques botafoguenses eram recebidos com euforia conforme eram chamados pelos apresentadores. Mas o ponto alto, sem dúvida nenhuma, foi quando Héber Bôscoli anunciou o nome do cachorro Biriba, símbolo maior daquela conquista. Assim que Carlito Rocha entrou com o vira-lata no colo o teatro quase veio abaixo. Parecia um gol. Apesar de toda a agitação do local, Biriba docilmente deixou que Yara Sales colocasse a coleira de ouro em seu pescoço. Foi a senha para que todos começassem a cantar o novo hino do clube, composto três anos antes por Lamartine Babo e apresentado, pela primeira vez, justamente no programa "Trem da Alegria". Lalá não se conteve e, emocionado, com uma batuta imaginária, regeu aquele coro de milhares de vozes: "Tu és o Glorioso. Não podes perder, perder pra ninguém".

No final de 1948, não havia quem já não tivesse ouvido falar de Biriba. Virou até brinquedo e estava bem cotado nas listas para Papai Noel. Na Loja Eclipse, no Centro do Rio, saí por 25 cruzeiros (para se ter uma ideia do valor, um exemplar de jornal, na época, custava 1 cruzeiro).

Biriba virou "febre" e estava por todo lado.
(Reprodução: A Noite)

O personagem Biriba também estava presente em dois espetáculos de Teatro de Revista em cartaz na cidade (esse tipo de espetáculo misturava comédia, musical e as belas pernas das vedetes, o gênero fazia grande sucesso na época). Uma das peças tinha a humorista Dercy Gonçalves no elenco.

Biriba, o vira-lata mais famoso do Brasil.

Muito antes de ser Biriba, o cachorro mais conhecido em todo o país se chamava Joá. Pertencia a Dona Esther, que ao sair de Nova Friburgo, na Região Serrana, para morar no Rio, ficou com pena de deixar seus dois cachorrinhos. Escondeu Joá e o irmão, Gibi, em um embrulho. Era proibido entrar com animais no ônibus. Os dois cãezinhos de estimação eram os sobreviventes de uma ninhada de quatro. A mãe também já não vivia mais. Deixar os filhotes na fria Friburgo seria condená-los à própria sorte. A "operação" de transporte dos bichinhos foi concluída com sucesso, ninguém desconfiou da "carga", embora alguns passageiros volta e meia estranhassem os pequenos grunhidos ouvidos durante as quase quatro horas de viagem.

Dona Esther, Joá e Gibi chegaram bem na pensão que seria o novo lar dos três, em Copacabana.

Essa origem do cão mascote do Botafogo foi contada ao jornalista Geraldo Romualdo da Silva pelo ex-jogador e funcionário do clube Jamyr Sueiros, que todos só conheciam como Macaé, e reproduzida em uma reportagem no *Jornal dos Sports*. O texto também contava outras desventuras vividas pelo animal antes de alcançar a fama no alvinegro de General Severiano.

Joá e Gibi eram bem parecidos, ambos eram malhados em preto e branco, a diferença ficava por conta de uma mancha negra maior em um deles. A mãe era uma Fox Terrier que havia se engraçado com um vira-lata. O resultado ficou simpático. Os dois cães eram bonitinhos, alegres e chamavam a atenção de quem os via passeando na praia. Mas, logo, a boa vida de cachorrinho grã-fino da Zona Sul de Joá começou a mudar. Tudo por conta de um acidente. Um táxi, ou carro de praça, como se chamava então, veio rápido demais e só quando dobrou a esquina da Rua Santa Clara com Avenida Nossa Senhora de Copacabana viu os dois cachorros atravessando. Não teve tempo de frear. Gibi morreu na hora, Joá teve duas patas quebradas.

Foi Macaé, vizinho de Dona Esther na pensão, que levou o cachorrinho até uma clínica veterinária. Só depois de um bom tempo de muitos cuidados e gesso, o animal voltou a andar. Porém, não era mais o mesmo. Talvez sentisse falta do irmão. De alegre, ficou triste. A própria dona largou mão dele. A sorte de Joá foi ter Macaé por perto. O ex-jogador chegou mesmo a achar que o vira-lata tivesse ficado surdo por causa do acidente. Por mais que Macaé o chamasse, Joá permanecia em seu canto, olhar triste, desanimado. Tentou mudar o nome do bicho para ver se conseguia chamar sua atenção: Pintado, Malhado e até Botafogo; mas nada.

Naquele ano foi feita uma grande campanha publicitária para o lançamento de uma revista de histórias em quadrinhos chamada Biriba. Por todo lado havia cartazes: "Biriba vai chegar", "Biriba esteve aqui". E o nome acabou caindo na boca do povo. Pois um dia, chegando à pensão, Macaé, ao ver o sorumbático cãozinho, virou-se pra ele e tentou um novo nome: "Biriba, vem cá!". E não é que o bicho se pôs imediatamente de pé, levantou as orelhas e começou a, alegremente, abanar a cauda curva que ostentava? Estava na cara, tinha gostado ser chamado assim. A tristeza ficara para trás de uma vez por todas.

Com a fama, Biriba acabou virando capa da revista que originou seu nome.
(Reprodução: Biriba)

Mas se engana quem acha que as agruras de Joá, agora Biriba, terminariam por aí. A volta da animação do cachorro não foi tão bem recebida assim na pensão. Um português suarento, que vivia metido em uma camiseta sem mangas encardida e batendo tamancos para cima e para baixo não ia com a cara do bicho. Reclamava de tudo, do cheiro, de supostas pulgas, dos latidos e até das brincadeiras de Biriba. O problema é que além de reclamar, o mal-humorado lusitano decidiu que iria se livrar do animal. Misturou vidro moído em uma bola de carne e deixou bem do lado do cobertor velho onde o cão dormia. Nossa mascote só não morreu porque na primeira mordida cortou a boca e saiu ganindo em direção ao dono. Macaé ficou uma fera, quase jogou o "portuga" da janela do terceiro andar da pensão. Foram parar na delegacia.

O fato é que não dava mais para manter Biriba na pensão. A dona do estabelecimento também estava insatisfeita e vivia pegando no pé e na pata, do dono e do animal, respectivamente. Sem muita saída, Macaé decidiu que era melhor dar o cachorro. Pensou em alguns amigos lá do Botafogo, o Guilherme ou, quem sabe, o Lobato. Era dia de jogo. Iria a General Severiano e depois da partida falaria com os rapazes. Como era conhecido de todos, não foi difícil entrar com o cão. Chegou cedo e ficou lá na Geral assistindo.

Era a primeira partida do campeonato de 1948 e o Botafogo começava mal, sendo derrotado por 4x0 pelo modesto São Cristóvão. Macaé estava tão chateado que nem se deu conta de que Biriba não estava mais ao seu lado.

Procura daqui, procura dali e nada. Já achava que o cão tinha resolvido fugir. Foi até o vestiário para falar com os jogadores e qual não foi a sua surpresa quando deu de cara com Biriba saracoteando entre os jogadores. O bicho ia de um em um buscando um afago. Corria de um lado para outro e, de certa forma, ajudava a quebrar um pouco do clima de tristeza do local.

Ganhou moradia.

Gostava de assistir aos treinos. Sempre buscava uma sombra perto da arquibancada enquanto ficava vendo aqueles marmanjos correndo atrás da bola. Não se sabe bem por que, se apegou a Carlito Rocha. Sempre que ele aparecia, o cachorrinho se achegava e pedia colo. O carinho era recíproco.

A fama de Biriba, no entanto, só começa na partida preliminar contra o Bonsucesso. O jogo já ia lá pelas tantas quando, de repente os jogadores começaram a ouvir o público caindo na gargalhada. É que o pequeno cachorro malhado em preto e branco decidira invadir o gramado e correr em busca da bola. A surpresa foi tanta que o goleiro do time rubro-anil, sem saber se prestava atenção no cão ou na jogada, acabou tomando mais um gol. O sexto do Botafogo.

Confusão armada. Os jogadores do Bonsucesso partiram para cima do juiz. Mas, tão rápido quanto apareceu, Biriba tratou de se escafeder. O gol foi validado. Afinal, não fazia muita diferença, o placar final foi 7x0 para o time da casa.

Macaé foi atrás do cachorro. Queria sair dali antes que o mesmo fosse pego e acabasse virando sabão (naquela época havia uma lenda urbana de que animais de rua, recolhidos pela "carrocinha", eram levados para fábricas de sabão, para que a gordura animal fosse usada na fabricação do produto). Mas antes mesmo de chegar ao portão deu de cara logo com Seu Carlito. Esperou pelo pior, mas ao invés disso, o dirigente pegou o cachorro no colo, fez um carinho na orelha do bicho e falou: "Gostei, Biriba. Mostrou que é mesmo Botafogo. Fez até gol."

Biriba sempre gostou de uma bola de futebol. No intervalo das peladas nas areias de Copacabana, enquanto Macaé ia dar um mergulho no mar gelado, ficava brincando com a pelota. Guardião fiel, mais de uma vez botou pra correr garotos que tentaram surrupiá-la.

Biriba, o dono da bola.
(Acervo: O Cruzeiro)

Ao lado de Macaé, na Praia de Copacabana.
(Acervo: O Cruzeiro)

Com a invencibilidade do time após a chegada de Biriba, o supersticioso presidente não demorou a associar as duas coisas. Resultado: o cão foi promovido a amuleto. A partir daí, Biriba era presença obrigatória em todos os jogos.

Acostumadas com as crendices do dirigente as pessoas não deram muita bola, de início. Mas o fato é que o alvinegro embalou na competição. E como, simplesmente, não perdia mais, logo a imprensa e, por consequência, a torcida também passaram a levar o "fator Biriba" em consideração. Até mesmo os jogadores entraram no clima. Numa entrevista à revista *Esporte Ilustrado*, Paraguaio, o primeiro camisa 7 alvinegro (a numeração nas camisas começou a ser adotada naquele ano) confessou: "Nunca fui supersticioso. Sempre deixei esse negócio com Seu Carlito, mas que o Biriba tem uma força estranha, isso tem".

O cachorro não era tratado a pão de ló, mas quase. Nada de sobras nas refeições. Tinha direito sempre a um bom bife passado na manteiga. Ganhava biscoitos e até chocolates. Isso sem falar dos dois copos de gemada que lhe eram servidos todos os dias junto com os jogadores.

No vestiário de General Severiano com o goleiro Oswaldo Baliza.
(Acervo: Esporte Ilustrado)

Biriba também ganhou o privilégio de frequentar outros estádios. Ia junto com a delegação e quase sempre era recebido com festa. Quase sempre, porque dias antes da partida que fecharia o primeiro turno, contra o Vasco, dirigentes cruzmaltinos avisaram que o vira-lata não poderia entrar em São Januário. O caso ganhou repercussão. O jornal *O Globo* chegou a afirmar: "Neste momento interessa tanto saber se o Biriba entra, amanhã, no gramado do Vasco quanto se o cafezinho volta ou não a custar trinta centavos" (a redução do preço do café mobilizava a população carioca na época).

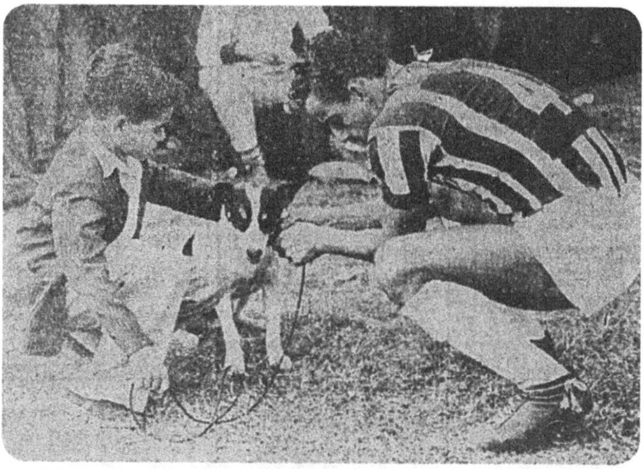

No campo do Vasco, depois de quase ser barrado.
(Acervo: Diário Carioca)

Carlito fez ouvidos de mercador, colocou o cachorro no colo e adentrou pelo portão social do estádio. E quando tentaram barrar o bicho, esbravejou: "Ninguém impede o presidente do Botafogo de entrar onde quer que seja e quem estiver com ele, também, com certeza". O Glorioso venceu por 2x1, com dois gols marcados por Otávio, segundo Carlito, com as bençãos de Biriba.

A polêmica tentativa de barrar o cachorro alvinegro virou galhofa. O jornal *Diário Carioca* fez até uma enquete com seus principais jornalistas sobre o "incidente diplomático futebolístico". Vejam algumas das declarações:

José Lyra – "Biriba não é a mascote do Botafogo. O Botafogo é que é a mascote do Biriba. Quem está disputando o campeonato é o Biriba".

Nilton Ribeiro – "Esta história do Biriba poder ou não poder entrar não importa, porque dentro ou fora o Biriba é estímulo para os alvinegros a toda hora".

Jacinto de Thormes – "Se o Biriba for candidato, meu voto é dele".

José Correa – "Não sei se a alegria maior pelo Biriba é lá no Botafogo ou cá na redação".

De dia ou de noite, sempre em campo e pronto para posar para fotos.

Onde estava o Botafogo, estava Biriba.
(Acervo: BFR)

Outros clubes também tinham mascotes naquela época. O próprio Vasco da Gama se orgulhava de um corvo de estimação. O São Cristóvão tinha um carneiro (que também ajudava a aparar a grama do estádio de Figueira de Melo), o Olaria, uma arara, e o Bangu, um lagarto.

Duelo de mascotes: São Cristóvão x Botafogo.
(Acervo: O Cruzeiro)

A maior queixa dos adversários sobre Biriba era que o cachorro vivia invadindo o gramado durante o andamento das partidas. Diziam que tudo não passava de uma artimanha de Carlito Rocha, bastava o Botafogo estar em maus lençóis para que ele mandasse Macaé soltar o bicho. Assim as partidas eram interrompidas e a pressão sobre o alvinegro diminuía.

Propositais ou não, foram muitas as estripulias do vira-lata. Numa ocasião, foram tantas as invasões de Biriba que o árbitro inglês Mr. Dewine o expulsou formalmente (o cachorro só não levou um cartão vermelho porque os cartões só foram adotados a partir da Copa do México, em 1970). Macaé o retirou ao som de vaias da torcida (para o juiz, diga-se de passagem). Só que minutos depois lá estava ele de novo no gramado, se aproveitando de um buraco no alambrado atrás do gol de Oswaldo Baliza. Mister Dewine não teve dúvidas, se sentou em campo e avisou: "Só recomeço o jogo depois que esse animal for levado, de vez, para fora do estádio".

Biriba dava a maior canseira nos árbitros ingleses. A galera se divertia.

Embora o coro dos descontentes crescesse, alguns jornalistas tratavam de minimizar a importância dada àquelas invasões caninas. Luiz Paulistano, do *Diário Carioca*, escreveu: "Essa 'onda' contra o Biriba teve por pretexto a contrariedade exposta por um dos 'misters' (como os árbitros estrangeiros eram tratados) que comprometeu a fama do humor inglês expondo ao público a sua amostra de mau humor universal... Ele e seus colegas perderam para o Biriba a primeira colocação para o título de maior sensação do campeonato. O resto do pessoal usa a 'onda' para explicar as derrotas na cancha... A solução é fácil: se o juiz e o Biriba não se toleram em campo, basta impedir o juiz de entrar".

Contra o Flamengo, a repetição de uma cena comum: Biriba em campo.
(Acervo: BFR)

Até Mario Filho resolveu escrever sobre o assunto. O título de sua coluna era "Considerações em torno do Biriba": "É preciso não exagerar. O Biriba, inclusive, deu uma nota alegre ao espetáculo do futebol. Tornou-se o símbolo de uma grande campanha de um grande clube. E mesmo quem não é Botafogo não vê e nem pode ver um monstro no Biriba. A prova está na simpatia com que o receberam em campo os jogadores do Flamengo. Da festa que foi a entrada do Biriba em campo para todos que se comprimiam em General Severiano... É uma coisa achar que o Biriba só deva entrar com o *team* do Botafogo antes de começar o jogo, como todas as mascotes de todos os *teams* que tem mascotes em toda parte do mundo e outra é achar que o Biriba é uma vergonha. Ninguém sinceramente acha o Biriba vergonha nenhuma. Mesmo quem escreva que cada entrada do Biriba em campo coloca o *football* carioca na deprimente posição de *football* de roça. A verdade é que se vê, no Biriba, o Botafogo, o sucesso do *team* do Botafogo. Empresta-se ao Biriba uma influência decisiva nos *matches*. Porque os jogadores do Botafogo se animam vendo o Biriba, porque os jogadores do Botafogo acreditam no Biriba como mascote...".

O bafafá era tão grande que o *Jornal dos Sports* chegou a fazer uma reportagem com o seguinte título: "Se uma bola bater em Biriba e for para o fundo da rede é gol?". Foram ouvidos diversos árbitros. Mário Vianna garantiu que não validaria o gol porque, de acordo com as regras, um cachorro é um corpo estranho ao jogo. Os três árbitros ingleses ouvidos concordaram. Mr. Lowe afirmou: "Cachorro não é juiz, assistente, trave ou pau de bandeirinha para ser considerado neutro. Tem que anular". Mr. Ford chegou a fazer uma comparação esdrúxula: "Imagine se um macaco entra em campo, pega a bola e sai correndo para dentro da meta. Seria Gol? Claro que não!" Mais taxativo ainda foi Mr. Dewine: "Se acontecer algo assim, eu paro o jogo, expulso o cachorro de campo e dou bola ao chão no ponto onde o Biriba estava".

Biriba, na boca do túnel, sempre atento e pronto para entrar em ação. (Acervo: Última Hora)

Diante de tanto barulho, Carlito Rocha se viu na obrigação de tomar as dores do animal e do clube: "A imprensa é quem tem dado realce ao Biriba. A questão de que o Biriba invade o campo para favorecer o Botafogo é bobagem. O pobre cãozinho é uma mascote ingênua do time e como tal entrará onde jogarmos".

Todos os dias chegavam dezenas de cartas para os jogadores. Cartas de fãs com declarações de amor, com elogios rasgados e, também, com pedidos que podiam ir desde uma foto autografada até uma casa para uma mãe doente. Pois não é que Biriba também passou a receber cartas. Cada uma mais curiosa do que a outra. Numa delas uma senhora de Petrópolis dizia que nunca gostara muito de futebol, mas depois que soube da existência de Biriba tinha se tornado uma torcedora fiel do Botafogo.

Depois de ganhar fama, não teve mais sossego com os fotógrafos. (Acervo: BFR)

A mascote alvinegra fazia o maior sucesso.
(Acervo: BFR)

Se o cartaz do cachorrinho não parava de crescer, também aumentava o número de desafetos. Começaram a chegar a General Severiano ameaças contra a vida de Biriba. Às vésperas de um jogo contra o Olaria um jornal publicou que um feroz buldogue seria levado à Rua Bariri para dar um jeito na mascote alvinegra assim que ela entrasse em campo. Ao saber da notícia, Carlito entrou em contato com o presidente do clube, Álvaro da Costa Mello, que o tranquilizou: "Biriba vai estar são e salvo no nosso estádio".

Havia também o medo de que alguém envenenasse o animal. Carlito tinha calafrios só em pensar nessa possibilidade e arranjou, logo, um jeito para que nada de errado acontecesse. Chamou Macaé e ordenou: "Daqui pra frente, experimente toda a comida servida para o Biriba. Só o deixe comer quando você tiver certeza de que ela não está envenenada". O dono do cão engoliu em seco, mas aceitou a determinação. Não dava para argumentar com Seu Carlito quando o assunto era o Botafogo.

Não foi à toa, portanto, que o caos se instalou no clube quando numa segunda-feira, esbaforido, Macaé interpelou Carlito Rocha assim que cruzou o portão da sede. A notícia era grave: Biriba havia desaparecido. O gigantesco dirigente alvinegro balançou, sentiu que lhe faltava o ar e se não tivesse sido amparado por três pessoas teria se estatelado no chão. Sentado numa das cadeiras de vime da varanda e se abanando sem parar como o chapéu quis saber mais detalhes, se já tinham procurado em todo o clube. Macaé garantiu que sim. Ele e mais três funcionários tinham vasculhado todos os cantos e nada. Alguns jogadores também participavam das buscas. Minutos depois, Geninho, um dos que mais brincavam com Biriba, passava pelo jardim repetindo o assovio com que costumava chamar o vira-lata.

Era a semana decisiva do campeonato. No domingo o Botafogo receberia o poderoso Vasco e poderia finalmente conquistar o título que lhe escapara nos anos anteriores. Como ficar sem o Biriba justamente naquela semana? Seria uma tragédia. Um sócio que observava a confusão desabafou: "Que ano. Perder Heleno, vá lá. Mas perder também o Biriba... Assim já é demais".

As horas se passavam e nenhuma notícia do cachorro. Não faltavam especulações: teria fugido, sido atropelado ou, quem sabe, raptado? A terceira hipótese acendeu um sinal de alerta no grupo. Teriam, os vascaínos, coragem de executar um plano tão maligno?

Em meio àquela confusão, Arrepiado, colou em Carlito. Era figurinha fácil em General Severiano. Baixinho e atarracado, tinha o cabelo loiro, meio desbotado, além de um bigodinho fino e espetado. Vivia rondando o clube, mesmo sem ter qualquer função oficial por lá. Arrastou o dirigente para um canto e, sussurrando, disse que tinha um colega de confiança na 10ª DP, na Rua Bambina. Poderia contatá-lo, discretamente, para que investigasse o caso. Carlito estava topando qualquer coisa, mas destacou que era fundamental manter sigilo. Se a imprensa desconfiasse do que estava acontecendo, faria um escarcéu, o que seria péssimo para o moral do time às vésperas da decisão.

O investigador Paranhos marcou o encontro com Arrepiado nos fundos do Café Lamas, no Largo do Machado. Era hora de expediente, mas o policial encarava uma partida de sinuca quando o emissário botafoguense chegou ao recinto. Arrepiado passou os detalhes da situação e entregou ao meganha uma foto de Biriba. Quis combinar o preço pelo serviço, mas Paranhos se recusou. Disse que, caso resgatasse a mascote, se acertaria diretamente com Carlito Rocha.

O policial pendurou a conta e saiu em busca de um bonde que o levasse ao Centro. No Largo de São Francisco montou no estribo do 53, o famoso bonde São Januário. Pelo que Arrepiado lhe contara, a suspeita de que vascaínos tivessem sequestrado o amuleto alvinegro era bem plausível. E se fosse mesmo verdade, ele descobriria. Quando o bonde deixou o Campo de São Cristóvão e dobrou na Rua São Luiz Gonzaga já tinha um plano pronto. Conhecia bem o estádio do Vasco, morara ali perto. Quando era rapaz pulava um muro mais baixo para poder assistir aos jogos. Era isso que faria mais uma vez.

A noite começava a cair quando pousou do lado de dentro de São Januário. Escurecia rápido e não havia muita iluminação. Seguia por trás da arquibancada. De vez em quando acendia um fósforo para tentar se localizar. Foi quando escutou um latido vindo dos lados de um terreno em obras, onde hoje fica o parque aquático. Mais do que latidos, pareciam ganidos de um cão encarcerado. Paranhos esfregava as mãos imaginando o valor da recompensa. Com certeza Carlito Rocha seria bem generoso ao receber sua mascote de volta.

Chegou a um galpão. Por sorte não havia ninguém por perto. Pelos ruídos emitidos pelo animal, ele estava preso lá dentro. A porta de madeira era fechada com uma corrente não muito grossa e um cadeado. Teria que dar um jeito de abri-la. Vasculhou o local e, por sorte, encontrou uma picareta. Na segunda estocada a porta cedeu. Só que, ao invés de Biriba, saiu de lá um enorme pastor alemão que pulou sobre o peito do inspetor e o jogou no chão. O estrago só não foi maior porque o bicho parecia ser treinado e ao invés de morder o invasor, ficou sobre ele, latindo. Logo apareceram dois seguranças de armas em punho. Paranhos foi levado para a delegacia de São Cristóvão e teve explicar o acontecido para o delegado que, em nome do corporativismo, relevou o ocorrido e liberou o policial.

Por volta dessa mesma hora, do outro lado da cidade eis que surge Biriba, calmamente andando pela calçada da Avenida Venceslau Braz; atrás dele, uma cadelinha de pelo comprido e amarelado. Biriba não havia fugido, não havia sido atropelado, nem tampouco sequestrado. O "Don Juan" canino tinha apenas tirado umas horinhas de folga para namorar. Alívio em General Severiano.

Naquela mesma noite Carlito Rocha decretou vigilância de 24 horas sobre Biriba, pelo menos até a partida de domingo.

O dia da decisão chegou, Biriba entrou em campo com o time e o Botafogo foi campeão. O vira-lata que virou amuleto ganhou espaço até na foto oficial do título. E não podia ser de outra forma.

Tanto nos gols...

...quanto no fim do jogo, Biriba marcou presença na final de 1948.

Na foto oficial do título de 1948, Biriba não podia faltar.
(Acervo:BFR)

O prestígio de Biriba era tão grande que nos amistosos pós-título uma cláusula especial passou a constar dos contratos: o cachorro também tinha que estar presente. Mas isso nem sempre era muito fácil. Numa ida a São Paulo, o piloto quis impedir que o animal embarcasse, ou melhor, que Biriba ocupasse uma poltrona do DC3 da Panair do Brasil. Carlito insistia: "Comandante, ele é tão importante quanto qualquer jogador; entra em campo conosco e tudo". O atraso na decolagem já era grande e os passageiros começaram a reclamar. Depois de uma rápida conversa com a equipe de bordo o piloto voltou confiante avisou ao dirigente: "O voo estava lotado. Não há um assento disponível para o cão". Carlito não pensou duas vezes, olhou em volta e localizou o atacante reserva Osvaldo Monteiro da Silva, o Baduca. Virou-se pra ele e disse: "Meu filho, pode voltar pra casa. O Biriba vai no seu lugar". Baduca até pensou em reclamar, mas sabia que de nada adiantaria. O piloto também percebeu que não venceria aquela queda de braço e acabou liberando o embarque do animal, mas com uma condição: Biriba teria que ir com um lenço amarrado no focinho para não correr o risco de morder alguém a bordo. Exceção só durante o lanche: suco de laranja e biscoito, servidos pela aeromoça.

Durante a visita do campeão carioca a imprensa paulista só tinha olhos para dois personagens: o atacante Paraguaio, destaque da equipe, e o cachorro Biriba. Um exemplo é essa notícia publicada por um enviado do jornal *A Noite*: "Os aficionados bandeirantes estão ansiosos para conhecer o ponta-direita revelação do futebol brasileiro e o cachorro que, em 48, causou sensação no *soccer* guanabarino. É importante salientar que quando Macaé levou Biriba para um passeio na Avenida Ipiranga chegou a paralisar o trânsito. Todos queriam ver o cachorro que se tornou célebre na campanha do Botafogo no certame de 48".

Nas cerimônias oficiais ganhava roupa de gala.
(Acervo: BFR)

5-12-948 JORNAL DOS SPORTS 5

S. M. O BIRIBA...

COMO UM "VIRA-LATA" SE TORNOU O CACHORRO MAIS IMPORTANTE DO BRASIL

DESTINO DE CÃO SEM PAIS — O PRIMEIRO GOLPE DA FATALIDADE — NOVO DONO, VIDA NOVA E NOME NOVO — DE UM SIMPLES JOA' AO CONSAGRADO BIRIBA — "CARONA" DE FOOTBALL, ESTREOU FAZENDO GOAL! — DIAS DE TRIUNFO E DIAS DE TORMENTO

Reportagem de Geraldo Romualdo da Silva

Reportagem sobre a vida do cachorro mais famoso do Brasil.
(Reprodução: Jornal dos Sports)

Tudo que é bom, no entanto, dura pouco. Nos anos seguintes, os resultados não foram tão satisfatórios quanto se esperava e, aos poucos, a mística do amuleto canino foi se desfazendo. Biriba chegou até a frequentar o Maracanã, no começo dos anos 1950, mas com o fim da presidência de Carlito Rocha, a mascote foi sendo deixada de lado. A revista *O Cruzeiro* chegou a fazer uma reportagem mostrando que o prestígio de outrora tinha se perdido. Biriba voltava a ser apenas um mero animal de estimação.

O cãozinho que fez fama em todo o Brasil morreu em 1958, aos 11 anos de idade, sem choro, nem vela. E foi enterrado no Cemitério dos Cachorros, no túmulo 11793 (notem, supersticiosos, que a soma dos algarismos é 21, número mágico para os alvinegros).

Melancólico Adeus a um companheiro inseparável

"Macaé", ao receber o atestado de óbito de "Biriba", no Cemitério Veterinário, já se mostrara mais conformado. Mas ainda tinha os olhos úmidos, porque seu coração não suportou o choque da morte daquele pequenino sêr a quem tanto se afeiçoara. Depois, momentos antes do sepultamento, silencioso, acabrunhado, o conhecido roupeiro do Botafogo se despediu do mascote com seu mudo e derradeiro adeus. A outra foto fixa o momento em que, num cortejo melancólico, "Macaé" a c o m p a n h q "Biriba" à sua última morada. última morada.

Até a morte da mascote virou notícia.
(Reprodução: Última Hora)

O fato é que Biriba se transformou em algo bem maior do que uma mera mascote. O Pato Donald, que durante muito tempo foi o personagem associado ao Botafogo, perdeu espaço para o cachorrinho alvinegro para sempre. Não é a toa que a torcida, ainda hoje, se autoproclama como a "cachorrada".

De lá pra cá, nos momentos mais difíceis, surgiram outros cães, na tentativa de reviver a mística da mascote original, mas nenhum deles chegou aos pés, ou melhor, às patas de Biriba. Ele foi único. E não há um só botafoguense que duvide disso.

Não podes perder

Esse trecho do hino era palavra de ordem para o Botafogo naquele segundo turno do Campeonato Carioca de 1948. Os adversários estavam surpresos com a regularidade da equipe e o time de General Severiano surgia como um real candidato ao título.

Derrotar o Botafogo passou a ser o maior objetivo dos adversários e não apenas por questões esportivas. Corria aos quatro ventos que uma derrota do alvinegro representaria um prêmio de 5 mil cruzeiros para cada jogador que estivesse em campo (quantia que estaria sendo oferecida por comerciantes portugueses).

Logo de cara, uma revanche, afinal de contas, o São Cristóvão havia sido o único clube a derrotar o Botafogo no turno. Uma guerra esperava o time da Zona Sul. O calor era intenso e, mesmo assim, não havia uma única gota de água no vestiário dos visitantes, em Figueira de Melo.

Sem jogar bem, o Botafogo abriu o placar com Juvenal, de cabeça, aos 33 minutos do primeiro tempo. Falha do goleiro Joel. Mesmo em desvantagem no placar os “cadetes” continuavam na defesa, tentando explorar os contra-ataques. Tanto que o segundo gol alvinegro só foi sair faltando cinco minutos para o final da partida. Paraguaio, na corrida, completou um centro de Geninho. Porteira aberta, dois minutos depois, Paraguaio fez outro, aproveitando uma rebatida do goleiro. A vitória e a revanche estavam garantidas e nem mesmo um gol de Souza, para o time da casa, no último minuto, estragou a festa.

BOTAFOGO 3x1 SÃO CRISTÓVÃO
Gols: Paraguaio (2) e Juvenal (Botafogo); Souza (São Cristóvão)
Data: 03/10 – Local: Estádio Figueira de Melo
Escalação: Osvaldo Baliza, Gerson dos Santos e Nilton Santos; Sarno, Ávila e Juvenal; Paraguaio, Geninho, Pirillo, Otávio e Braguinha.

O Canto do Rio havia arrancado um empate contra o Fluminense na primeira rodada do returno e parecia ter o mesmo objetivo contra o Botafogo. Bem recuado, dificultava a vida dos craques alvinegros. Não fosse a fragilidade do adversário, a situação poderia ter se complicado depois que Ávila teve que deixar o campo depois de ser vítima de uma desleal "cama de gato", logo aos 22 minutos da primeira etapa.

Mesmo com dez (até então não eram permitidas substituições), o Botafogo foi se impondo. Otávio abriu o placar cobrando um pênalti. Braguinha, Pirillo e Otávio fizeram os demais gols alvinegros. Carango, de pênalti, descontou para a equipe de Niterói.

BOTAFOGO 4x1 CANTO DO RIO
Gols: Otávio (2), Braguinha e Pirillo (Botafogo); Carango (Canto do Rio)
Data: 10/10 – Local: Estádio de General Severiano
Escalação: Osvaldo Baliza, Gerson dos Santos e Nilton Santos; Sarno, Ávila e Juvenal; Paraguaio, Geninho, Pirillo, Otávio e Braguinha.

A marcação cerrada, e por muitas vezes violenta, do Madureira obrigaram o time do Botafogo a se desdobrar para manter a liderança do torneio em Conselheiro Galvão.

O incentivo para a pancadaria comer solta vinha do banco de reservas do tricolor suburbano; não do treinador Delio de Almeida ou do massagista Geraldo, mas de um sujeito gordo e careca que, mesmo naquela tarde quente, usava um paletó surrado com um escudo do Madureira mal e porcamente costurado ao lado da lapela esquerda. Cada vez que um jogador alvinegro partia para o ataque, ele berrava: "Marca! Derruba! Faz falta! Quebra ele!".

Os gritos estavam irritando os jogadores botafoguenses e o juiz, Mr. Lowe, não fazia nada a respeito. Não entendia, ou fingia não entender, o que o camarada gritava (apitar jogos nesses estádios pequenos sempre era um risco para o juiz, muitos só conseguiam ir pra casa dentro de um carro da polícia).

Carlito Rocha, nas Sociais, chegou a interpelar o presidente do Madureira, Angelo Flipi. Na maior cara de pau, disse que não sabia quem era o boquirroto e que tomaria providências no intervalo. Mas, não foi preciso esperar tanto. Aproveitando uma disputa de bola pela direita, bem ao lado do banco de reservas do time da casa, Geninho entrou de carrinho na jogada. Só que ao invés de mirar na bola ou no adversário, foi direto nas pernas do careca, que deu uma sensacional cambalhota antes de cair estatelado de costas no gramado.

O tempo fechou. Os jogadores do Madureira cercaram Geninho e, logo, os alvinegros também se juntavam ao bololô. Mr. Lowe e os bandeirinhas tiveram trabalho para acabar com a confusão. Depois, posando de bom moço, Geninho foi até o sujeito, estendeu a mão num pedido de desculpas e o abraçou. Porém, ao pé do ouvido, falou: "Não quero ouvir mais um pio seu, senão eu volto. E você não vai gostar de me ver de novo". Até o final da primeira etapa não se ouviu mais a voz do camarada. No segundo tempo, ele nem apareceu.

Foi justamente na segunda etapa que surgiram os gols botafoguenses. O primeiro deles, por sinal, um golaço, marcado por Braguinha. Um toque de cabeça de Otávio deixou o atacante cara a cara com o goleiro Milton. Braguinha chutou tão forte que a bola furou a rede. A torcida até demorou a soltar o grito de gol, já que parecia que o chute tinha sido para fora. O segundo tento foi, mais uma vez, do artilheiro Otávio, depois de um belo lance de Braguinha. Há muito tempo o ataque alvinegro não se entendia tão bem.

BOTAFOGO 2x0 MADUREIRA
Gols: Braguinha e Otávio
Data: 17/10 – Local: Estádio de Conselheiro Galvão
Escalação: Osvaldo Baliza, Gerson dos Santos e Nilton Santos; Rubinho, Ávila e Juvenal; Paraguaio, Geninho, Pirillo, Otávio e Braguinha.

Um quinteto de respeito: Paraguaio, Geninho, Pirillo, Otávio e Braguinha. (Acervo: Sport Ilustrado)

No domingo seguinte, o Botafogo teve dois adversários: o Fluminense e um forte surto de gripe. Seis jogadores alvinegros entraram em campo sem estarem 100% em condições de jogar. O forte calor daquele domingo também fez com que o doutor Paes Barreto temesse pelo pior.

Um desavisado que visse o time do Botafogo em campo, no entanto, não poderia desconfiar que a situação era tão delicada. Os jogadores demonstravam muito empenho e mesmo levando o primeiro gol, numa indecisão entre Gerson e o goleiro Osvaldo, viraram o jogo com dois gols de Paraguaio.

No intervalo, contudo, era visível o preço de todo aquele esforço. O meio-campo Geninho estava tão pálido que Carlito Rocha quis impedi-lo de voltar para a segunda etapa. Mas o jogador não acatou a ordem e atuou os 90 minutos.

O Fluminense passou a dominar a partida e empatou com um gol de Santo Cristo, mas no final, por muito pouco, Braguinha não fez o terceiro.

Otávio sobe para disputar a bola com Castilho.
(Acervo: Sport Ilustrado)

BOTAFOGO 2x2 FLUMINENSE
Gols: Paraguaio (2) (Botafogo); Rodrigues e Santo Cristo (Fluminense)
Data: 25/10 – Local: Estádio de General Severiano
Escalação: Osvaldo Baliza, Gerson dos Santos e Nilton Santos; Rubinho, Ávila e Juvenal; Paraguaio, Geninho, Pirillo, Otávio e Braguinha.

Com o empate, a vantagem de um ponto para o Vasco havia desaparecido. Não era mais possível tropeçar. Para enfrentar a regularidade vascaína, era preciso manter o foco e buscar as vitórias. Por sorte, a rodada seguinte foi duas semanas depois, o que permitiu a recuperação dos atletas gripados.

Jogar nos acanhados estádios do subúrbio carioca era sempre complicado e o estádio da Rua Teixeira de Castro era um verdadeiro alçapão. A torcida (formada na sua maioria por vascaínos, flamenguistas e tricolores) ficava quase dentro do campo, as provocações e as ofensas iam direto para os ouvidos dos jogadores. Era preciso ter sangue frio.

O Botafogo saiu na frente com um gol de Pirillo, mas o Bonsucesso empatou após uma cobrança de corner. O gol da vitória só saiu aos 43 minutos da segunda etapa. Paraguaio acertou um chute forte, de canhota, sem qualquer chance de defesa para o goleiro Alvarez.

A torcida, mais uma vez, invadiu o gramado após a vitória e carregou o jovem Paraguaio nos braços até a frente da tribuna de honra, onde estava Carlito Rocha. O presidente, entusiasmado, puxou três "*hip hip hurrah*" com a torcida. Depois de muitos títulos jogados fora por causa de pontos perdidos para times pequenos, o Botafogo parecia exorcizar seus fantasmas e seguia firme naquele ano de 1948.

BOTAFOGO 2x1 BONSUCESSO
Gols: Pirillo e Paraguaio (Botafogo); João Pinto (Bonsucesso)
Data: 07/11 – Local: Estádio de Teixeira de Castro
Escalação: Osvaldo Baliza, Gerson dos Santos e Nilton Santos; Rubinho, Ávila e Juvenal; Paraguaio, Geninho, Pirillo, Otávio e Braguinha

Mais um jogo em casa e mais uma vitória, 3x0 sobre o Bangu. O alvinegro se impôs e mostrou que não era líder do campeonato por acaso. Foi construindo o placar com tranquilidade. O primeiro gol foi de puro oportunismo. Paraguaio aproveitou a bola largada pelo goleiro Princesa, depois de uma falta cobrada por Otávio. Os dois outros gols saíram na etapa final. Otávio recebeu de Pirillo e chutou forte, no alto, sem chances para o goleiro. O mesmo Pirillo fechou a contagem, ao invadir a área depois de passar por Domingos da Guia.

BOTAFOGO 3x0 BANGU
Gols: Paraguaio, Otávio e Pirillo
Data: 14/11 – Local: Estádio de General Severiano
Escalação: Osvaldo Baliza, Gerson dos Santos e Nilton Santos; Rubinho, Ávila e Juvenal; Paraguaio, Geninho, Pirillo, Otávio e Braguinha.

As duas rodadas seguintes foram decisivas para a conquista do título de 1948. Dois jogos muito difíceis, vencidos de forma heroica. Duas partidas em que os jogadores alvinegros provaram que estavam prontos para serem campeões.

O primeiro desses confrontos foi contra o Olaria, na Rua Bariri e já narrado no capítulo sobre as superstições de Carlito Rocha. Em uma tarde chuvosa e com o gramado totalmente enlameado, o Botafogo chegou a estar perdendo por três a um e virou o jogo para 4x3 com três gols marcados faltando menos de 20 minutos para o final da partida.

BOTAFOGO 4x3 OLARIA
Gols: Otávio (2), Pirilo e Braguinha (Botafogo); Alcino, J. Alves e Valter (Olaria)
Data: 21.11.1948
Local: Estádio da Rua Bariri
Escalação: Osvaldo Baliza, Gerson dos Santos e Nilton Santos; Rubinho, Ávila e Juvenal; Paraguaio, Geninho, Pirilo, Otávio e Braguinha.

O outro jogo decisivo foi contra o Flamengo. Apesar de atuar fora de casa, o rubro-negro abriu dois gols de vantagem ainda na primeira etapa. Parecia que a presença de Kanela no banco de reservas adversário intimidava, de alguma forma, os jogadores botafoguenses. A sensação era estranha; Kanela, até bem pouco tempo defendia a estrela solitária e tinha saído por divergências com Carlito Rocha.

O Botafogo tinha que reagir. Aos 13 minutos do segundo tempo, Ávila descontou e logo em seguida um gol marcado por Paraguaio foi anulado por Mr. Devine. Segundo o jornalista Geraldo Romualdo da Silva, um gol tão bem trabalhado, tão belo, que deveria ter valido mesmo com o atacante em posição de impedimento.

O empate parecia ser questão de minutos, mas numa falha de Osvaldo Baliza, o Flamengo fez o terceiro com Gringo. A torcida rubro-negra começou a festejar. Lenços brancos eram acenados para os botafoguenses. Uma derrota tão contundente, em casa, poderia, mesmo, ser a despedida do tão sonhado título.

Mas ao invés de desânimo, o terceiro gol adversário pareceu incendiar o jogo. O Botafogo, que já vinha dominando as ações, partiu para cima do Flamengo de forma avassaladora. Otávio fez o segundo; um gol chorado, no qual a bola teimava em não entrar. E, quando Braguinha empatou, já não havia mais quem duvidasse que a vitória seria alvinegra.

A virada veio com um gol, justamente, do ex-rubro-negro Pirillo, o atacante dispensado porque, de acordo com os dirigentes da Gávea, já estava velho demais. Após o gol, Pirillo desabou no gramado e uma pilha de jogadores se formou por cima dele, até Biriba estava no meio daquele bolo. Mr. Devine, compreendendo a grandeza daquele momento, esperou pacientemente o final das comemorações. Nenhum jogador do Flamengo teve coragem de reclamar da demora para o recomeço da partida.

Jogadores comemoram o gol da virada sobre Pirillo, deitado no gramado. (Acervo: Sport Ilustrado)

Para fechar aquela tarde épica com chave de ouro, Paraguaio ainda marcou o quinto gol. Uma vitória com V maiúsculo. Uma vitória inesquecível, digna de entrar na galeria dos maiores jogos da história do clube.

O título já diz tudo. Uma partida inesquecível.
(Acervo: Sport Ilustrado)

Biriba também comemorou cada gol da virada.
(Acervo: Sport Ilustrado)

Os jogadores foram levados nos ombros pela torcida até o vestiário.
(Acervo: Sport Ilustrado)

No vestiário, Pirillo ainda parecia não acreditar no que havia acontecido minutos antes: "Por favor, não me perguntem nada. Não me lembro de nada, a não ser da virada. Hoje vivi os meus mais emocionantes 90 minutos de futebol. Jamais esquecerei esse jogo".

O presidente Carlito Rocha, agarrado com seus santinhos agradecia a Deus: "Devemos a nossa vitória à Providência Divina. Graças a Deus deixamos o campo de cabeça erguida".

Para se ter uma ideia da entrega dos jogadores alvinegros, na pesagem após a partida, o doutor Newton constatou que a grande maioria deles tinha perdido pelo menos o dobro do peso que costumavam perder em outros jogos. Um desgaste de energia muito acima do normal.

O flamenguista Mário Filho escreveu, no *Jornal dos Sports* uma emocionada coluna sobre a partida onde tentava explicar as razões para a virada: "Para mim foi a vergonha de desiludir o Botafogo naquela hora que agigantou os jogadores do Botafogo. Desiludir o Botafogo, todos os botafoguenses que se comprimiam com o coração pequeno em General Severiano... Com que cara eles sairiam de campo se perdessem? Com que cara olhariam os torcedores que tudo tinham esperado deles? Como poderiam, outra vez, acariciar o Biriba?... Por isso eu digo que Braguinha e Otávio, Pirillo e Geninho, Ávila e Paraguaio não pensavam em si mesmos. Que todos eles deixaram de pensar em si mesmo para pensar só no Botafogo... Não me lembro de ter assistido a outra vitória assim de nenhum clube. A prova é que me comovi com a vitória do Botafogo. Não sou Botafogo, não tenho nada com o Botafogo e me comovi."

BOTAFOGO 5x3 FLAMENGO
Gols: Ávila, Otávio, Braguinha, Pirillo e Paraguaio (Botafogo); Gringo (2) e Durval (Flamengo)
Data: 28/11 – Local: Estádio de General Severiano
Escalação: Osvaldo Baliza, Gerson dos Santos e Nilton Santos; Rubinho, Ávila e Juvenal; Paraguaio, Geninho, Pirilo, Otávio e Braguinha.

O último obstáculo a ser vencido, antes do confronto final com o Vasco, era o América. A partida seria em São Januário, onde o time de Campos Sales mandou a maioria de seus jogos. O prêmio por uma derrota alvinegra havia aumentado; agora chegava a sete mil cruzeiros para cada jogador.

O confronto acabou sendo mais tranquilo do que se esperava. O Botafogo dominou o adversário e no último minuto do primeiro tempo abriu o placar. Otávio e seu marcador, Hilton, se enroscaram com o árbitro. O camisa dez se desvencilhou da confusão e lançou Braguinha, totalmente livre. Ele chutou forte no canto esquerdo de Osny.

Aos 22 minutos da segunda etapa, mais um gol. Juvenal cobrou uma falta na cabeça de Pirillo, que só ajeitou para Otávio. Ele acertou um sem-pulo e balançou as redes rubras. O América ainda marcou com Lima, mas foi só.

Dever cumprido. Agora era esperar pela partida final.

BOTAFOGO 2x1 AMÉRICA
Gols: Braguinha e Otávio (Botafogo); Lima (América)
Data: 05/12 – Local: Estádio de São Januário
Escalação: Osvaldo Baliza, Gerson dos Santos e Nilton Santos; Rubinho, Ávila e Juvenal; Paraguaio, Geninho, Pirillo, Otávio e Braguinha.

O artilheiro Otávio, perigo constante para a meta rubra.
(Acervo: Sport Ilustrado)

O fim do quase

Depois da dura partida contra o América, a penúltima do campeonato, festa no vestiário. Biriba parecia sentir a importância daquela vitória, latia sem parar, não parava um só instante. O Botafogo tinha a chance de, finalmente, conquistar o Campeonato Carioca que vinha escapulindo de suas mãos nos últimos anos. Mais, ainda. Desde 1935 a taça não ia para General Severiano.

Quem diria que, cerca de cinco meses antes, isso seria possível? Principalmente depois da saída de Heleno e da desastrosa derrota da estreia contra o São Cristóvão.

O curioso é que a comemoração acontecia justamente em São Januário, casa do adversário na grande final. O poderoso Vasco tinha uma equipe conhecida como o "Expresso da Vitória" e contava com craques da Seleção Brasileira como Barbosa, Chico, Danilo, Friaça e o perigosíssimo atacante Ademir Menezes. Pelo menos a decisão seria em território botafoguense e isso fazia toda a diferença. Naquele campeonato tinham sido sete vitórias, um empate e apenas uma derrota em casa.

Todos respeitavam o Vasco, a começar pelo treinador Zezé Moreira. Em todas as entrevistas da semana decisiva, elogiou o rival, mas sempre ressaltou que não era necessário temê-lo, afinal, no primeiro turno, o time da Cruz de Malta tinha sido derrotado pelo Botafogo por 2x1, e em São Januário.

A cidade vivia a expectativa da decisão como não acontecia há muito tempo. Os jornais, todos os dias, faziam questão de lembrar que o título alvinegro tinha batido na trave nos quatro anos anteriores e questionavam se, enfim, o time de General Severiano seria capaz de conquistar o Torneio Metropolitano. Os rivais, principalmente os vascaínos faziam troça, debochavam de Carlito Rocha e sua turma. Poucos, além dos botafoguenses, acreditavam na conquista.

Na Galeria Cruzeiro, construção que existia onde hoje é o Edifício Avenida Central, no Largo da Carioca, se respirava a decisão. No Bar Fluminense que, apesar do nome, pertencia a um vascaíno, o dono colocou, ao lado da porta, uma bandeira com uma enorme Cruz de Malta. Quase vizinho, o proprietário do bar Laranjada Brasil, botafoguense doente, pendurou na entrada um desenho em que o cão Biriba aparecia abocanhando um corvo, a mascote do Vasco. Como o local era muito movimentado, havia sempre grupos de torcedores provocando os rivais. Para evitar tumulto, o policiamento, no local, foi reforçado.

As provocações duraram toda a semana e se espalhavam pela cidade.

Na segunda-feira de manhã os vascaínos já estavam na concentração de Uruçanga. A grande preocupação deles era a possibilidade de desfalque da maior estrela do time. O artilheiro Ademir se recuperava de uma contusão no joelho e não tinha, inclusive, enfrentado o Fluminense no final de semana.

O Botafogo, na gestão de Carlito Rocha, tinha resolvido abolir a concentração. O esquema de solteiros terem que dormir no clube a partir de terça-feira e de casados serem proibidos de sair de casa à noite era adotado, de forma geral, por todos os clubes, mas em 1948, deixou de ser aplicado em General Severiano. Cada um deveria ter sua responsabilidade e se resguardar para as partidas, afinal de contas, eram todos profissionais.

A Comissão Técnica optou por só fazer o primeiro coletivo na quarta-feira, mas como choveu forte, o zagueiro Gérson dos Santos foi poupado. Já tinha atuado gripado contra o América. Quem também não treinou foi Pirillo, que sentiu uma antiga contusão. Outro problema preocupava o atacante: seria julgado, no meio da semana pelo Tribunal Desportivo e corria o risco de ficar de fora da final.

Zezé Moreira comanda o treino na semana decisiva.
(Acervo: Sport Ilustrado)

Na sexta-feira, todavia, boas notícias para ambos os lados. O tribunal havia absolvido Pirillo, do Botafogo, e Barbosa, Wilson e Eli, do Vasco. Ademir fez um teste e foi liberado para jogar e Gérson dos Santos, depois de alguns dias parado, voltou a treinar, ainda que bem abatido. A forte gripe fez com que ele perdesse mais de 3 quilos.

Na madrugada de domingo já era possível ver uma fila do lado de fora de General Severiano. Vários ônibus vindos de outras cidades traziam torcedores. De Minas Gerais veio gente de Juiz de Fora e até de Belo Horizonte.

Otávio Monlevade tinha saído de casa no sábado depois do almoço. Morador de São João Nepomuceno, terra de Heleno de Freitas, se tornou botafoguense por causa do conterrâneo. Assim que o craque se transferiu para a Argentina, chegou a pensar em trocar de time. Mas, todo mundo sabe que isso não é algo tão fácil assim. Depois que a gente se apaixona por um clube, é difícil arrancá-lo do coração.

Por mais que seu orgulho são-joanense estivesse ferido com a venda do ídolo, não resistia. A cada fim de semana sintonizava o velho rádio Philco Baquelite na Rádio Globo e acompanhava os jogos do alvinegro carioca. Gostava ainda mais quando as partidas eram narradas por Luiz Mendes, seu *speaker* favorito. As seguidas vitórias daquele ano fizeram com que a chama não se apagasse. Além disso, havia outro ídolo, seu xará, Otávio Moraes. Adorava ouvir os locutores gritando seu nome após cada gol do goleador botafoguense. E tinham sido muitos naquele campeonato de 1948: 20 gols até a final.

Estava contente. A viagem para o Rio só tinha sido possível por causa de um dinheirinho extra que conseguira fazendo jornada dupla na Fábrica de Tecidos Santa Marta. Até Bicas, seguiu de carro com um tio. De lá para Juiz de Fora, mais 40 quilômetros de carona na carroceria de um velho caminhão Ford carregado com galinhas. Só então embarcou em um ônibus fretado que vinha especialmente para o jogo.

Tanto sacrifício tinha valido a pena, depois de quatro horas na fila, do lado de fora, conseguiu um lugar bem ao lado do túnel por onde os jogadores entravam em campo. Daria para ver todos eles bem de pertinho.

Faltava uma meia hora para o início do jogo quando um sujeito alto e mulato passou distribuindo pequenos saquinhos de papel. Otávio pegou um, mesmo sem saber do que se tratava. As pessoas ao seu lado riam, cochichavam, trocavam olhares de cumplicidade e Otávio, ali, sem entender nada.

Resolveu, então, abrir e ver do que se tratava. Só que quando chegou bem perto do nariz, para cheirar o conteúdo, levou um esbarrão de um torcedor que tentava encontrar um espaço na arquibancada. Resultado: o pó-de-mico que estava dentro do saquinho salpicou todo seu rosto, que passou a coçar desesperadamente. O pó-de-mico, para quem não sabe é o resultado da raspagem das vagens de uma planta conhecida como Mucunã ou Olho-de- Boi. Tem propriedades medicinais, mas, se em contato com a pele, provoca muita coceira.

Otávio saiu correndo em direção ao banheiro. Precisava lavar as mãos e o rosto com urgência. A situação só melhorou depois de uns 15 minutos de muita água e sabão. Quando voltou para a arquibancada, seu lugar, é claro, já estava ocupado e o jeito foi assistir ao jogo colado no alambrado, com o pescoço esticado para tentar ver alguma coisa.

A "munição" distribuída para os torcedores tinha um motivo. Na partida contra o Vasco, no primeiro turno, torcedores cruzmaltinos tinham jogado pó-de-mico sobre os jogadores botafoguenses. A ordem era ir à forra. Ordem, que fique bem claro, que não veio de Carlito Rocha, mas sim de integrantes de um grupo que o jornalista Maneco Muller chamava de "Comando estratégico", formado por gente do próprio clube e da torcida.

Muito se fala daquele dia. O vestiário adversário teria sido pintado com cal virgem para que os rivais ficassem com os olhos irritados, além do lendário episódio do cafezinho batizado com sonífero que teria sido consumido pelos visitantes.

A história cheira a ficção, mas na biografia escrita por André Iki Siqueira, João Saldanha, que era Diretor de Futebol, na época, garante que aconteceu e ainda deu os detalhes: "O Vasco veio com uma garrafa térmica desse tamanho. Quando foram para o campo, o roupeiro deles fechou o vestiário e foi ver o jogo. Ora, roupeiro não deve ver jogo, deve ficar sentado em cima do material... Tínhamos feito um buraco atrás de um móvel e aí o Aloísio Birruma passou por esse buraco, tirou um tanto assim de café da garrafa e botou um remédio que o doutor Newton Pavareto nos tinha dado a receita. Botamos aquilo, misturamos bem o café, mas acho que exageramos um pouco... O Vasco voltou para o vestiário no intervalo e bebeu o café, que era servido gelado, como um bom estimulante. O pique do Ademir Menezes, atacante do Vasco e da Seleção, parecia *slow motion*. Parecia aqueles sonhos em que um vampiro vem atrás da gente: você tenta correr, mas não sai do lugar".

A torcida superlotou General Severiano.
(Acervo: Sport Ilustrado)

Uma cena chamou a atenção quando o Botafogo entrou em campo. Assim que apareceu, Biriba foi ovacionado pelos torcedores. Empolgado com toda aquela animação, deu um pique até quase o círculo central. Mas, de repente estancou. Olhou para trás e viu que os jogadores ainda estavam na boca do túnel. Sem que ninguém o chamasse, deu meia volta e correu na direção deles, para, só então, fazer sua segunda entrada, todo saltitante, ao lado do time.

O nervosismo de estar, pelo quinto ano seguido, disputando um título que teimava em não vir, era visível no rosto dos torcedores, porém, o que se via na expressão dos jogadores botafoguenses era serenidade e confiança.

Gérson, Oswaldo, Nilton Santos, Rubinho, Ávila e Juvenal; Paraguaio, Geninho, Pirillo, Otávio e Braguinha.
(Acervo: Sport Ilustrado)

Eli, Jorge, Augusto, Wilson, Barbosa e Danilo; Friaça, Ademir, Dimas, Ipojucan e Chico.
(Acervo: Sport Ilustrado)

A maior prova de que os jogadores do Botafogo estavam determinados em levantar a taça veio logo aos dois minutos de partida, no primeiro ataque alvinegro. Pirillo desarmou Danilo na intermediária e caiu pela esquerda. Wilson tentou o combate, mas a bola foi passada para Braguinha, que driblou Augusto e entrou na área. Barbosa foi para cima dele, tentando fechar o ângulo, mas, ao invés de chutar, Braguinha levantou a bola para o meio da área, onde estava Paraguaio, que cabeceou forte para o gol vazio. 1X0 para o time da casa.

Paraguaio comemora o primeiro gol.
(Acervo: BFR)

Os dois times tinham chegado à final em igualdade de condições. Um empate naquele domingo provocaria uma melhor de três. E parecia que o Vasco contava com isso. O time de São Januário esperava uma partida mais estudada, sem muitos riscos de ambas as partes, mas com aquele começo de jogo todas as previsões caíram por terra. O descontrole após aquele gol relâmpago foi total.

O treinador Flávio Costa berrava à beira do gramado, mas o time parecia zonzo. Danilo errava muito na defesa e se mostrava inseguro para apoiar o ataque. Ipojucan também não correspondia. Como Eli estava preso na marcação a Otávio, o jogo vascaíno não fluía. Já o Botafogo marcava muito bem; não deixava o adversário criar. Ávila e Geninho fechavam o meio-campo, auxiliando a defesa.

Aos dezoito minutos, por muito pouco não saiu o segundo gol. Otávio recebeu dentro da área e com um toque sutil encobriu Barbosa. Eli conseguiu tirar a bola quase em cima da linha.

Faltando cinco minutos para o final da primeira etapa, no entanto, a defesa vascaína não conseguiu evitar mais um gol. Otávio centrou, Pirillo e Barbosa disputaram a bola e ela acabou sobrando para Braguinha que, com oportunismo, só empurrou para as redes.

Braguinha aproveita a sobra e amplia para o Botafogo.
(Acervo: Sport Ilustrado)

O atacante José Braga, ou Braguinha, como todos o conheciam, foi uma das maiores figuras daquela partida. Era o coroamento de sua melhor temporada no Botafogo. No torneio, foram seis gols ao todo. Uma temporada em que pôde jogar de forma mais leve, longe da pressão das constantes broncas de Heleno de Freitas. Antes, era só errar uma bola para que o "dono do time" reclamasse acintosamente com ele. Braguinha ficava triste com aquilo. Sabia o quanto aquelas reações de Heleno mexiam com a torcida. Chegou a ser hostilizado por alguns torcedores nas ruas, mas em 1948 tudo havia mudado.

O Vasco ainda teve uma chance de marcar antes que Mário Vianna apitasse o fim do primeiro tempo. Friaça superou Oswaldo, mas a bola se chocou com a trave.

Nem em seus melhores sonhos a torcida botafoguense poderia imaginar um resultado daqueles. E ainda viria mais...

Tal como na etapa inicial, o Botafogo partiu para cima do adversário e ampliou, dessa vez, aos quatro minutos. Mais um gol com participação fundamental de Braguinha. Foi dele o passe, entre Eli e Wilson, que encontrou Otávio livre. Na corrida, o artilheiro chutou forte no canto direito, sem qualquer chance de defesa para Barbosa.

A "bomba" de Otávio venceu Barbosa.
(Acervo: Sport Ilustrado)

A comemoração que tomava conta das arquibancadas, logo depois, deu lugar à preocupação. O zagueiro Gérson sofreu uma forte pancada na cabeça em um choque com Dimas e ficou estirado no gramado. O doutor Paes Barreto nem esperou a autorização do juiz. Correu em direção ao jogador, que permanecia desacordado. Só quando o médico aproximou um vidrinho com amônia ele recuperou os sentidos. Estava totalmente desorientado. Chegou a perguntar que jogo era aquele e se o Botafogo estava vencendo.

Sob aplausos foi retirado de campo. Carlito Rocha correu até onde eles estavam, queria que o jogador voltasse logo para campo. Contra a vontade do médico, Gérson ainda retornou à cancha, mas por pouco tempo. Não era necessário entender de medicina para ver que ele não tinha qualquer condição de seguir na partida. O goleiro Oswaldo Baliza pediu que Mário Vianna interrompesse o jogo e acompanhou o companheiro para fora das quatro linhas.

Gérson teve que ser amparado por Oswaldo.

A coisa ficou ainda mais tensa quando, logo depois, Ávila tentou cortar um cruzamento sem perigo e, de cabeça, marcou um gol contra.

O Vasco foi para cima do Botafogo que, com dez em campo, tratou de se fechar. Pirillo foi para a zaga e atuou com o vigor de um menino de 18 anos, mas, ao fim da partida, confessou: se houvesse mais 5 minutos teria desabado em campo de tão extenuado.

Osvaldo Baliza impede o gol de Friaça; Ademir esperava a sobra.
(Acervo: Sport Ilustrado)

A defesa mostrava que, se fosse preciso, também sabia dar chutão.
(Acervo: Sport Ilustrado)

A pressão cruzmaltina não surtiu efeito. A bem da verdade, a maior chance de gol acabou sendo alvinegra. Pirillo, da entrada da área, chutou forte. A bola passou por Barbosa e, novamente, foi cortada por

Eli, só que dessa vez com o braço. Mário Vianna disse que o toque havia sido involuntário e não marcou pênalti.

Minutos depois, o trilado do apito que todos esperavam há tantos anos. Fim de jogo. O Botafogo voltava a ser o campeão da cidade.

Biriba foi o primeiro a alcançar o grupo que se abraçava no círculo central. Aos poucos, mais e mais gente foi tomando o gramado e, de repente, não se sabe bem partindo de onde, uma massa de torcedores também invadiu o campo.

A invasão da torcida botafoguense.
(Acervo: O Cruzeiro)

Otávio, o torcedor, até pensou em fazer o mesmo, mas mal conseguia sair de seu lugar, entre a multidão e o muro. De lá ele, ao menos, pôde ver o gigante Carlito Rocha, em pé, ao lado do banco de reservas.

Enquanto todos se abraçavam ele permanecia ali, imóvel, rosto entre as mãos, como se estivesse orando. Alguém se aproximou do dirigente para abraçá-lo. Foi quando Otávio viu seus olhos vermelhos, de tanto chorar.

O cerco aos jogadores foi impressionante. Os torcedores agarravam os rapazes, os carregavam nos ombros, os jogavam para o alto. As camisas eram disputadas com furor. Algumas ficaram em frangalhos. O reserva Zezinho perdeu até o calção. Só tiveram sossego quando conseguiram se desvencilhar da multidão e seguir para o vestiário.

Quando a situação se acalmou, Otávio subiu até o campo. Feliz com a decisão de ter usado as economias para vir ao Rio, tirou a carteira do bolso e pegou a medalhinha de Nossa Senhora do Amparo que ficava presa com um alfinete de segurança em uma foto de Heleno de Freitas, recortada de um jornal. Beijou a santinha, acariciou o gramado, se benzeu e foi em busca do ônibus que o levaria de volta a Minas.

Porém, quando passava pelo banco de reservas ouviu um "psiu". Olhou prum lado, pro outro, mas não havia ninguém por perto. Ia voltar a caminhar, mas ouviu a voz de novo: "Ei, você. Você de camisa xadrez, vem cá". Olhou na direção do banco de reservas e tomou o maior susto. Otávio, o artilheiro do campeonato, seu xará, estava encolhido, escondido atrás de um saco de bolas.

– Ô rapaz, o que que "ocê" tá fazendo aí?

– Quando eu vi aquela multidão arrancando as camisas do pessoal, corri pro primeiro lugar em que pudesse me esconder. Quero guardar essa pra mim. Já dá pra sair, agora? Está tranquilo?

– Pode vir, aqui no campo, só tem eu e mais uma meia dúzia.

Otávio, o torcedor, ajudou Otávio, o jogador, a sair de seu esconderijo. O rapaz mineiro chorou de emoção ao apertar a mão do ídolo. Disse que tinha vindo do interior de Minas para vê-lo e que tinham o mesmo nome, mas amaldiçoou o destino. O artilheiro quis saber o porquê:

– É que consigo estar lado a lado com você e não tenho nem um pedaço de papel e um lápis para conseguir um autógrafo. Ninguém vai acreditar que eu estive com o grande Otávio.

Comovido, o jogador deu-lhe um forte abraço. Em seguida, tirou a camisa e a entregou àquele rapazote que quase nem barba tinha.

– Essa camisa é especial para mim, mas tenho certeza de que para você também vai ser. Sabe, sempre me toca o meu coração ver pessoas como você, que vêm aqui nos apoiar, gritar nossos nomes e o do nosso querido Botafogo. Fique com ela. Guarde com o mesmo carinho com que eu a guardaria.

Enquanto o xará seguia par o vestiário, Otávio, o torcedor, continuava petrificado, sem qualquer reação. Não acreditava no que acabara de acontecer. De tão emocionado, não tinha nem conseguido agradecer.

Mas, de repente se lembrou do ônibus. Se não o alcançasse a tempo, estaria perdido, literalmente. Para não correr o menor risco de ficar sem o seu troféu, escondeu a camisa dentro da calça e de lá não a tirou até chegar em casa.

Quando Otávio, o jogador, entrou no vestiário foi recebido com festa pelos demais. Sem camisa, como tantos outros, estourou um champanhe que alguém tratou de lhe entregar, bebeu um gole generoso e depois tratou de espirrá-la sobre os companheiros.

Sem a camisa, mas feliz da vida, Otávio comemora com Juvenal. (Acervo: Sport Ilustrado)

INVADIDO PELA TORCIDA O VESTIARIO DO BOTAFOGO

DIARIO DA NOITE

O DELIRIO DOS CAMPEÕES

BOTAFOGO CAMPEÃO DE 48

Carlito e Biriba, a dupla vencedora de 1948.
(Reprodução: Diário da Noite)

À noite houve uma grande festa no salão nobre da sede. A orquestra tocava músicas carnavalescas. A folia alvinegra começara em dezembro. Foi só lá que Otávio conseguiu falar com Carlito Rocha. O presidente circulava com Biriba no colo:

– Seu Carlito, quando este ano começou eu jurei a mim mesmo que ia ajudar o Botafogo a ser campeão. Não só pelo clube, que sempre amei, mas pelo senhor também. Ninguém merece mais este título do que o senhor. Pode ter certeza, a minha sensação é de dever cumprido.

E Carlito desandou a chorar mais uma vez.

Como disse certa vez o jornalista M. Bernardez, em sua coluna no jornal *Última Hora*: "Carlito Rocha, como o nome indicava, tinha um físico de pedra, mas uma alma de Chaplin".

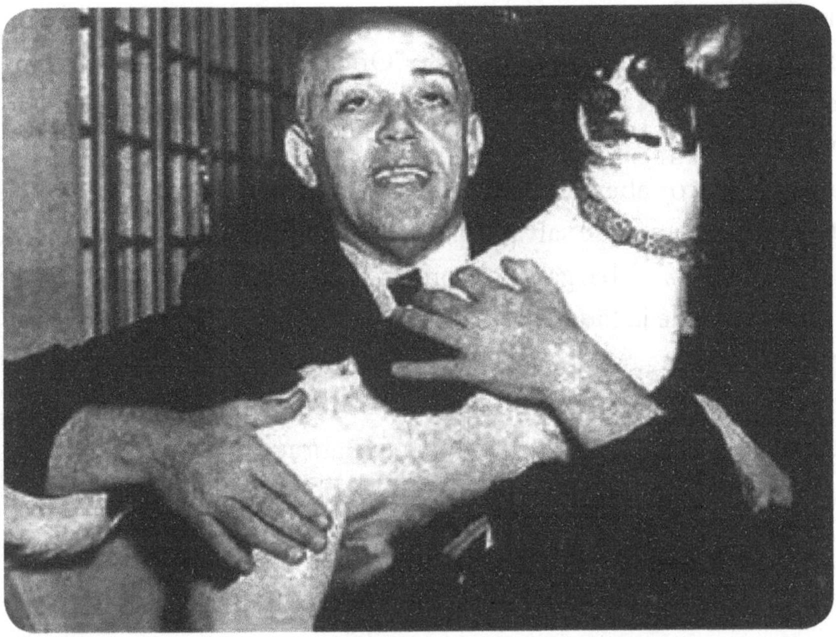

Carlito e Biriba juntos na comemoração do título.
(Acervo:BFR)

Era consenso entre torcedores, jogadores e imprensa a importância de Carlito para aquela conquista e o texto de Mário Filho, no *Jornal dos Sports*, após o título, resume bem esse sentimento: "O que faltava ao Botafogo era um botafoguense que acreditasse mais no Botafogo do que qualquer outro. O que faltava ao Botafogo era o que o Botafogo sempre tivera, era Carlito Rocha. Carlito Rocha com a sua fé em Deus, com a sua fé no Botafogo, com a sua fé em tudo, a principiar por Biriba, o vira-lata que se transformaria no símbolo do Botafogo. Carlito Rocha vivendo o Botafogo, encarnando o Botafogo, a fé do Botafogo – e comunicando essa fé, tendo o dom de comunicar essa fé, de acender essa fé em todo coração botafoguense".

A profecia da primeira rodada estava concretizada.

Este capítulo não estaria completo, todavia, sem falar do reencontro de Carlito Rocha com o Comendador Alberto Castro Coelho. No meio da festa ele adentrou ao casarão, mais uma vez sacudindo a bengala e soltando a voz rouca de megafone: "Onde está o presidente? Onde está Carlito Rocha?". A festa parou e, por um momento, fez-se silêncio, na expectativa do que aconteceria a seguir. Mas o "Cachorro Louco" cruzou o salão de braços abertos e deu um caloroso abraço no dirigente. O bastante para uma enorme salva de palmas da multidão que lotava o recinto.

Com a voz embargada, o Comendador pediu desculpas pelo papelão daquela tarde já tão distante. Culpou o excesso de paixão e falou que estava ali para pagar a aposta. Carlito, contudo, se negou a receber. Disse que eram irmãos de camisa e que o mais importante, naquela hora, era celebrarem a conquista. Deram mais um abraço e selaram a paz.

A casa é nossa

O calor era de fritar ovos no asfalto, mas ninguém, ali, estava preocupado com isso. Era sexta-feira, 8 de dezembro de 1995. Chegava gente de todos os lados. Tinha fila até para se refrescar com o "xixi" do Manequinho. Muitos se benziam com aquela água, como se benta fosse.

O belo casarão, reformado, já voltara a fazer parte da paisagem do bairro depois que o Botafogo conseguiu, enfim, acertar as contas com a Companhia Vale do Rio Doce e recuperar o terreno de General Severiano. No acordo, a empresa ficou com o terreno onde antes ficava o ginásio do Mourisco, do outro lado do Morro do Pasmado e bem próximo à Baía de Guanabara. Naquele dia, no entanto, estava sendo inaugurada a nova sede do clube, com direito, inclusive, a um campo para treinos. Ou seja, na prática, o Botafogo estava de volta para o lugar de onde nunca deveria ter saído.

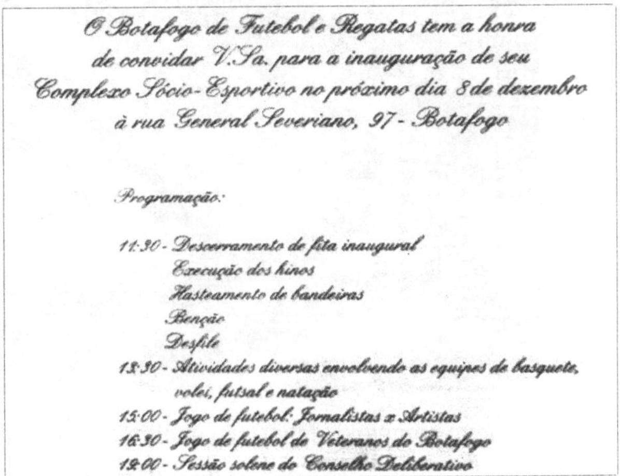

O Botafogo de Futebol e Regatas tem a honra de convidar V.Sa. para a inauguração de seu Complexo Sócio-Esportivo no próximo dia 8 de dezembro à rua General Severiano, 97 - Botafogo

Programação:

11:30 - Descerramento de fita inaugural
Execução dos hinos
Hasteamento de bandeiras
Benção
Desfile
13:30 - Atividades diversas envolvendo as equipes de basquete, volei, futsal e natação
15:00 - Jogo de futebol: Jornalistas x Artistas
16:30 - Jogo de futebol de Veteranos do Botafogo
19:00 - Sessão solene do Conselho Deliberativo

Convite da inauguração do novo complexo esportivo de General Severiano. (Acervo: BFR)

De senhores de idade com olhos marejados a crianças montadas no cangote dos pais, havia botafoguenses das mais diversas gerações espalhados pelo "solo sagrado" de General Severiano. Camisas e bandeiras alvinegras em profusão. Algumas já bem desbotadas pelos anos de uso, outras cheirando a nova com a logomarca do refrigerante Seven Up, patrocinador do time que chegava às semifinais do Campeonato Brasileiro e que (aqueles torcedores ainda não sabiam) seria campeão ao superar o Santos nas finais, dias depois.

Os ex-jogadores que iam chegando eram cercados. Carvalho Leite, elegante no seu terno de risca de giz, campeão da década de 30. Adalberto, goleiro do time campeão de 57. Didi, o gênio da "folha seca", bicampeão mundial pela Seleção. Quarentinha, maior artilheiro da história do Botafogo, com 313 gols. A "molecada do seu Neca" que reinou nos anos 60: o "Furacão" Jairzinho, o "Vendaval" Roberto Miranda e outros mais. Além, é claro dos jogadores do elenco da época, com direito à sua grande estrela, afinal, numa festa como aquela, o fanfarrão Túlio Maravilha não poderia faltar. Mas nenhum desses grandes ídolos foi mais reverenciado do que Nilton Santos. O antigo lateral era o grande homenageado da festa. O campo, novinho em folha, levava seu nome.

O novo complexo esportivo enchia os botafoguenses de orgulho. (Acervo:BFR)

As baianas da escola de samba São Clemente esperavam pelo craque no gramado, houve descerramento de placa, discursos emocionados e uma divertida pelada mesclando craques do passado e jornalistas. Jogou de beque, como nos velhos tempos e fez a torcida vibrar ao dar um drible desconcertante em Humberto Redes. Nilton já estava com 70 anos e o ex-atacante era vinte anos mais jovem.

Nilton Santos mais uma vez em campo com a camisa alvinegra. (Acervo:BFR)

Depois de recuperar o fôlego, foi cercado por jornalistas. Elogiou a volta para General Severiano e só lamentou que nem Mané Garrincha, nem Carlito Rocha estivessem ali também. "Mas em espírito, com certeza, eles estão presentes".

O velho dirigente era lembrado a todo momento, afinal Carlito Rocha tinha se tornado um símbolo da luta pelo retorno à sede. Os mais antigos contavam seus causos; os mais jovens escutavam e riam das manias do Velho Rocha.

A festa durou até o começo da noite, quando foi rezada uma missa em Ação de Graças pela retomada de General Severiano, bem em frente à capelinha tão amada por Carlito. Agora, toda reformada e florida (alguns anos depois a construção ganharia uma placa comemorativa e um retrato do dirigente). A grande imagem de Nossa Senhora estava de volta ao seu altar. Ela tinha ficado guardada com o sócio Sylvio Gomes, a pedido do próprio Carlito: "Ele me disse para tomar conta dela porque tinha certeza de que um dia voltaríamos para cá".

A capelinha do Carlito, lembrança eterna do dirigente.
(Acervo: BFR)

Por volta da mesma hora da missa, o presidente da Vale do Rio Doce deixava sua sala no Edifício Barão de Mauá, no Centro. Estava a caminho do elevador, mas deu meia volta e foi falar com a secretária: "Dona Myrthes, este ano não teve santinha?". Ela abanou negativamente a cabeça. "Já liguei até pro setor de protocolo, mas não chegou qualquer encomenda pro senhor. Estranho, não é? Afinal de contas desde 1981, todo dia 8 de dezembro chegava uma imagem de N. S. da Conceição. Por que será que este ano não veio?". O presidente deu de ombros e disse: "Se nem sei porque elas eram enviadas, como é que vou saber porque desta vez não chegou? Deve ter sido promessa de algum carola. E, se parou é porque, de algum jeito, surtiu efeito...".

Lá pelo início da madrugada a turma da faxina terminou o serviço de limpeza do casarão. Ao ver o pessoal saindo, Lourival, o vigia noturno, gritou para o grupo que já ganhava a calçada: "Esperem, acho que faltou alguém". Os rapazes e moças se entreolharam e fizeram uma rápida contagem. Estavam todos ali. "Estranho", complementou o vigia, "Jurava ter visto alguém ainda circulando lá dentro. Deve ser coisa do cansaço... Boa noite e bom descanso para nós".

A figura, que se esgueirava pelo Salão Nobre, chegou até uma das portas envidraçadas para se certificar de que ninguém mais prestava atenção. Foi, então, até as janelas laterais e deu vigoroso nó em cada uma das cortinas. A segunda partida das semifinais do Brasileirão contra o Cruzeiro se aproximava e era preciso garantir que tudo corresse bem.

Homenagem anônima no túmulo de Carlito Rocha.

Posfácio

Abordar a vida de um dirigente de futebol como Carlos Martins da Rocha, foi uma decisão importantíssima do Rafael Casé. Quando soube do projeto, através do meu grande amigo de infância, Guilherme Zincone, fiquei entusiasmado. Afinal, não se tratava da biografia de mais um dos nossos craques e sim de um homem que, com sua personalidade única e marcante, forjou o modo de ser dos botafoguenses.

Ouvi falar dele pela primeira vez através de meu pai, Hugo Pereira. Moradores do bairro de Botafogo, íamos sempre assistir aos treinos e jogos em nosso estádio de General Severiano. Ali, entre uma etapa e outra, ouvia as histórias dos feitos dos nossos jogadores. Um dia, o personagem principal foi o Carlito Rocha e o campeonato de 1948. Uma história marcante por diversos motivos: a venda do Heleno de Freitas, a estreia sofrendo uma goleada do São Cristóvão por 4 a 0 e em nossa casa... Mas daí em diante, o time havia engrenado. Até que veio o jogo contra o Olaria no alçapão da rua Bariri, pelo segundo turno. E meu pai estava lá. O Olaria dominou o primeiro tempo e saiu vencendo por 2 a 1, ampliando para 3 a 1 no segundo. A equipe não acertava e parecia que sofreria uma derrota inesperada. Até que, num momento único, meu pai vê o Presidente do Botafogo, o próprio Carlito, vestindo um terno elegante, ajoelhar-se sob a chuva e pedir com ardor: "Nossa Senhora, salve o meu Botafogo". Foi inesquecível para ele e certamente para os que estavam em Bariri. Ainda mais porque com três gols, dois de Otávio e um de Braguinha o Botafogo virou e venceu a partida.

No início dos anos 80, comecei minha vida política no Clube, participando do BFR – Botafogo, Força e Renovação – onde pude conhecer o fundador Augusto Paranhos Fontenelle e grandes ex-dirigentes, como Paulo Azeredo, Brandão Filho, João Lyra Filho, Ney Cidade Palmeiro e Carlito Rocha. A venda de General Severiano havia sido um enorme trauma para todos os botafoguenses e Carlito foi incansável em sua luta contra esta decisão infeliz. Votou contra no Conselho Deliberativo e participou do heroico grupo que moveu uma ação popular contra o negócio.

Numa reunião, perguntei a ele se poderia acompanhá-lo numa de suas visitas a General Severiano. Ele concordou e marcamos daí a dois dias. De terno claro, aquele senhor me aguardava no portão. Cumprimentou os vigilantes que a Vale do Rio Doce ali mantinha e fomos até a capelinha, onde rezou pedindo pelo futuro do Botafogo. Do estádio restava pouco e o palacete estava em péssimo estado. Pediu-me que nunca deixasse de lutar para que voltássemos à nossa casa. Deu-me algumas fotos em preto e branco do local com um carimbo e sua assinatura no verso: "Sangue, suor e lágrimas dos botafoguenses". Um encontro inesquecível e que carrego comigo até hoje. Só mesmo muito amor para justificar tamanha dedicação e fidelidade.

Conheci também seu lado extremamente supersticioso. Certa vez, quando íamos de carro para uma reunião política no Centro, me ensinou que nunca se deve seguir pela Avenida Copacabana se o destino final for uma reunião sobre o Clube, pois este percurso traria azar ao Botafogo. Quem teria coragem de contrariá-lo? Fomos pela Avenida Atlântica e tudo correu muito bem.

Não poderia deixar de seguir sua luta pela volta. E no meu primeiro mandato como Conselheiro do Clube, apresentei a proposta de criação e tomei parte da Comissão que negociou o retorno do Botafogo a General Severiano.

Durante minha gestão, sempre parava na Capelinha com minha esposa e conversávamos com ele. Sabia que, de alguma forma, Carlito jamais abandonaria o seu, o nosso Botafogo.

Carlos Eduardo Pereira

Bibliografia

ASSAF, Roberto; MARTINS, Clóvis. Campeonato Carioca – 96 anos de história. Rio de Janeiro: Editora Irradiação Cultural, 1997.

AUGUSTO, Sérgio. Botafogo entre o céu e o inferno. Rio de Janeiro: Ediouro, 2004.

BOLETIM INFORMATIVO DO BOTAFOGO DE FUTEBOL E REGATAS. Diversas edições.

CASÉ, Rafael. Como esta estrela veio parar no meu peito – Os 70 anos da fusão do Botafogo. Rio de Janeiro: Maquinária Editora, 2012.

CASÉ, Rafael e FALCÃO, Roberto. 100 anos gloriosos – almanaque do centenário do Botafogo. Rio de Janeiro: Lance Editorial, 2004.

CASTRO, Alceu Mendes de Oliveira. O futebol no Botafogo – 1904/1950. Rio de Janeiro: Gráfica Milone, 1951.

CASTRO, Ruy. Estrela solitária, um brasileiro chamado Garrincha. São Paulo: Editora Schwarcz, 1995.

CUNHA, Loris Baena. A verdadeira história do futebol brasileiro. Rio de Janeiro: Editora Publicitária, Comunicação e Marketing Ltda.

GUIMARÃES, Paulo Cezar. Sandro Moreyra, um autor à procura de um personagem. Rio de Janeiro: Gryphus, 2017.

MÁRIO FILHO. O negro no futebol brasileiro. Rio de Janeiro: Mauad, 2003.

MÁRIO FILHO. O sapo de Arubinha, os anos de sonho do futebol brasileiro. Seleção e notas Ruy Castro. São Paulo: Companhia das Letras, 1994.

MULLER, Maneco. O velho e a bola. A trajetória de Nilton Santos nas crônicas de Jacinto de Thormes. Organização e notas, Rafael Casé. Rio de Janeiro: Maquinária Editora, 2013.

NAPOLEÃO, Antonio Carlos. Botafogo de Futebol e Regatas – história, conquistas e glórias no futebol. Rio de Janeiro: Mauad, 2000.

NEVES, Marcos Eduardo. Nunca houve um homem como Heleno. Rio de Janeiro: Zahar, 2012.

PEPE, Francisco Winkler Braz, MIRANDA, Luiz Felipe Carneiro de, e CARVALHO, Ney Oscar Ribeiro de. Botafogo, o Glorioso – uma história em preto e branco. Petrópolis: Sítio da Ponte, 1996.

PORTO, Roberto. Botafogo – o Glorioso. Belo Horizonte: Editora Leitura, 2009.

_______, Botafogo – 101 anos de histórias, mitos e superstições. Rio de Janeiro: Editora Revan, 2005.

RIBEIRO, André. Diamante Negro – biografia de Leônidas da Silva. São Paulo: Cia. dos Livros, 2010.

RIBEIRO, Péris. Didi, o gênio da folha-seca. Rio de Janeiro: Gryphus, 2009.

RODRIGUES, Ernesto. Jogo duro, a história de João Havelange. Rio de Janeiro: Record, 2007.

RODRIGUES, Nelson. À sombra das chuteiras imortais: crônicas de futebol; seleção e notas Ruy Castro. São Paulo: Companhia das Letras, 1993.

SALDANHA, João. Subterrâneos do futebol. Rio de Janeiro: Editora José Olympio, 1980.

_______, Meus amigos. Rio de Janeiro: Nova Mitavaí, 1987.

SANTOS, Nilton. Minha bola, minha vida. Rio de Janeiro: Gryphus, 1998.

SANTOS NETO, José Moraes dos. Visão do jogo – primórdios do futebol no Brasil. São Paulo: Cosac & Naif, 2002.

SIQUEIRA, André Iki. João Saldanha, uma vida em jogo. São Paulo: Companhia Editora Nacional, 2007.

JORNAIS: *A Cigarra, A Época, A Gazeta Esportiva, A Manhã, A Noite, Crítica, Diário Carioca, Diário da Noite, Diário de Notícias, Gazeta de Notícias, Gazeta de Petrópolis, Jornal do Brasil, Jornal do Commercio, Jornal dos Sports, Mundo Esportivo, O Globo, O Globo Sportivo, O Imparcial, O Jornal, O Paiz, Vida Sportiva* e *Última Hora.*

REVISTAS: *Biriba, Careta, O Cruzeiro, Placar, Revista da Semana, Revista do Esporte* e *Sport Ilustrado.*

Este livro foi diagramado utilizando a fonte Minion Pro e
impresso pela Gráfica Alvolaser, em papel off-set 75 g/m² e
a capa em papel cartão supremo 250 g/m².